Michael Schultz

Erkenntnisse zwischen Himmel und Erde

Mit Zeichnungen von Hans-Günther Sperling

Ein aerokurier-Buch

ISBN 3-923338-01-5

1. Auflage 1982
Copyright © by Verlag Dr. Neufang KG, Postfach 5, D-4660 Gelsenkirchen-Buer.
Alle Rechte der Veröffentlichung, in jeder Form und Technik, sind vorbehalten.
Satz und Druck: Buersche Druckerei Dr. Neufang KG, Postfach 5, D-4660 Gelsenkirchen-Buer.
Printed in the Federal Republic of Germany

Aus dem Inhalt

Ein herzliches Dankeschön

... und da man alleine nichts auf die Beine stellen kann, ist das Buch denen gewidmet, die durch Tun oder Nichttun immer dabei waren ...

Hans-Günther Sperling	für seine köstlichen Zeichnungen ...
Jutta, meinem Weib	... wegen ihrer Geduld (meistens) ...
Hans Kampik	den man in der Wüste zum Wasserholen schicken kann. Und der auch mit Wasser wiederkommt.
Bärbel Kampik	die uns beide erträgt (manchmal widerwillig) ...
Edith	die es früher ertragen hat (bis dann doch meine Koffer vor der Tür standen) ...
Gunnar, mein Sohn	der mich trotz meines fortgeschrittenen Alters nicht für einen Spießer hält ...
Wolfgang Müller	der geduldig meinen Spinnereien lauschen kann ...
Wolfgang Dörner	... von Becker-Flugfunk fürs Organisieren von Avionik ...
Sportavia-Pützer	... für die Unterstützung des ersten USA-Fluges ...
Bernd Valentin	... für den Prototypen der Taifun ...
Lord Ultra	für die „Kohle", ohne die ja leider nichts geht ...
Limbach-Motorenbau	... den Herren Peter Limbach, Fritz Welphoff und Friedhelm Wihlberg für Geld, gute Worte und Nachsenden des Mechanikers bis ans Ende der Welt ...
Rolf Petersen	... Lufthansa-Cargo — fürs vorzügliche Organisieren der Hin- und Rückführung meiner stets kleinen Flugzeuge in seinen stets großen Flugzeugen ...
Herrn Dehner	... von Olympus Optical fürs Organisieren der Kameras ...
einer großen amerikanischen Fluggesellschaft	die die Kameras verloren hat ...
Peter Adrian	... von Texas Instruments fürs Loran C ...
Helmut Greiner	... vom DAeC-Motorflugreferat für tätige Mitarbeit ...
DLE Baden-Baden	... weil gute Elektronik dort auch gut eingebaut wird ...
Experimental Aircraft Ass.	Peter Strombom, Charles Chuck und all' den anderen ...
Mr. Welsh	... FAI Paris ...
DINERS CLUB Magazin — Redaktion Neue Zeit — Redaktion Praline — Hamburger Abendblatt	denen ich meine Geschichte verkaufen konnte — und damit wieder etwas Geld in die leere Kasse bekam ...

Creative Color	. . . Kurt Kirchner und Team für hervorragende Fotoarbeiten . . .
Herbert Löhner	. . . meinem Prüfer, der den RF5-Flug nach Oshkosh in einer Nacht- und Nebelaktion erst möglich machte (und dafür vom Emil noch Haue bekam) . . .
Rolf Dörpinghaus	. . . durch den das Buch erst möglich wurde und der meint, wir würden genug verkaufen, um aus den roten Zahlen zu kommen . . .
Jutta Kleinsorge	. . . die Tag und Nacht Manuskripte gelesen hat . . .
Jürgen Jäger und Norbert Seuss	. . . die den Umbruch verbrochen haben und auch sonst noch ganz schön viel Arbeit mit dem Buch hatten . . .
Chris Sorensen	. . . für wundervolle Fotos über San Francisco und über dem Grand Canyon . . .
	. . . und allen anderen, die teils geduldig, teils ungeduldig, geholfen, gewartet oder zugehört haben. Alle anderen, die darauf gewartet haben, daß ich mir die Ohren breche, − die soll der Teufel holen . . .
und last, not least Dr. Günter Neufang	. . . der als Verleger den Mut hat, dieses Buch herauszugeben . . .

Was ich damit sagen will . . .

. . . ist an sich schnell gesagt. Geschichten und Geschichtchen, die sich genau so und nicht anders zugetragen haben. Auch wenn sich vieles anhört, als wäre es der Phantasie entsprungen — so, wie es da steht, hat es sich zugetragen. Einiges ist recht lustig, einiges stimmt mehr nachdenklich — und soll es auch.

Was ich versuche, ist, etwas Erfahrung weiterzugeben. Erfahrung aus 17 Jahren auf Flugplätzen, in Flugzeugen und unter meist guten, selten weniger guten Kameraden. Manch böser Schnitzer ist mir im Laufe der Zeit unterlaufen. Was ich mir zugute halte, ist, daß ich nicht einen einzigen vergessen habe. Vergessen haben die anderen, die ich meine, ihre Jugendsünden sicher auch nicht. Nur sprechen viele nicht gern darüber. Und genau da regt sich in mir der Widerspruch. Warum eigentlich sprechen unsere großen Flieger nicht auch einmal über ihre „Sturm- und Drangzeit"? Bei vielen hört es sich wirklich so an, als wären sie bereits mit Flügeln auf die Welt gekommen und hätten überhaupt die ganze Fliegerei erfunden. Das sind die, die ich so liebe — die laufen mit dem hoch erhobenen Zeigefinger als Markenzeichen in der Gegend rum und weisen zurecht. Ob das nicht viel besser gelingen würde, wenn die mal ihre, auch mit sich selbst gemachten, schlechten Erfahrungen weitergeben würden?

Es gibt doch nur zwei Arten von Fliegern. Die einen hatten ihren Bruch schon, die anderen werden ihn noch haben. Also, laßt uns drüber sprechen — und bitte nicht mit dem todernsten Gesicht. Da hört doch sowieso keiner zu. Laßt uns das kleine Lächeln im Augenwinkel. Das macht so vieles soviel leichter und verhindert zuverlässig die Bildung von Magengeschwüren. Und es macht den Menschen viel sympathischer, wenn er es fertigbringt, auch einmal kräftig über sich selbst zu lachen. Das gibt ihm dann auch das Recht, über andere zu lachen. Sport soll doch ursprünglich etwas mit Spaß zu tun haben, auch wenn das heute nicht immer klar ersichtlich ist. Also laßt unseren Sport auch Spaß sein.

Was ich weiterhin möchte, ist, mein Schuldenkonto ausgleichen — bei denen, die mir Know-how, wertvolle Tips und Verhaltensmaßregeln, Adressen und was nicht alles mehr vor der Durchführung meiner ersten Langstreckenflüge gegeben haben.

Etwas davon — und meine eigenen Erfahrungen — möchte ich hiermit nun weitergeben. Und das um Gottes Willen nicht mit dem schlimmen Zeigefinger. Vielleicht hilft's dem einen oder anderen, Fehler zu vermeiden, die mir zwangsläufig, aus Unerfahrenheit oder Dummheit, unterlaufen mußten.

Dann sind da auch ein paar Geschichten, die sind nicht ganz so lustig, leider aber genauso wahr. Ich hab sie aufgeschrieben, weil ich meine, daß nicht alles totgeschwiegen werden muß, obwohl hier sicher einige anderer Meinung sein werden.

Mühe habe ich mir gegeben, nicht in Fachchinesisch zu verfallen. Weil ich das für eine verbreitete Unart unter Fliegern halte. Wer meint, sich so ausdrücken zu müssen — vielleicht, um sich von den Unwissenden, den Nichtfliegern abzuheben und zu beweisen, wieviel Geist und Intelligenz Fliegerei doch erfordert, — der soll es tun. Schade nur, daß diese Sprache dann wieder nur uns Eingeweihte erreicht. Ich jedenfalls möchte, daß auch jeder „normale" Mensch unsere Liebe zur Fliegerei versteht. Und das kann der nur, wenn er es auch lesen kann . . .

Michael Schultz

Vorwort

Erkennen durch Erleben, auf diese elementare Formel läßt sich die fliegerische Philosophie bringen, die für Michael Schultz so typisch ist. Man mag sich an ihm stoßen oder auch seine Art zu erzählen hinreißend finden, an ihm vorbeigehen kann man nicht.

Michael Schultz gelang als erstem Flieger die Überquerung des Atlantiks mit dem Motorsegler in beiden Richtungen. Doch nicht nur bei diesen beiden Flügen, sondern auch bei manch' anderem, ganz normalen Flug hat Michael Schultz in sich hineingehorcht und darüber im wahrsten Sinne des Wortes Buch geführt.

Hier ist das Buch, hier ist seine Geschichte: Erkenntnisse zwischen Himmel und Erde — man kann eigentlich nie genug davon bekommen. Michael Schultz steuert ein kleines bißchen dazu bei, Besinnliches und Vergnügliches.

Rolf Dörpinghaus

Freiheit

Ist das nicht schrecklich einsam, wenn du da Stunde um Stunde allein im Flugzeug sitzt, über Wasser oder Wildnis? Einsam? Was ist einsam? Ist einsam, wenn man alleine ist? Sicher. Aber – immer wenn ich lange allein unterwegs war, war ich nicht alleine. Zu Hause, da warten Jutta, Gunnar, Hans und Bärbel, Wolfgang und Lilian, Edith vielleicht auch ein bißchen. Ich denke an sie – sie denken an mich – ich bin nicht allein. Was einem so durch den Kopf geht, wenn der Flieger alleine fliegt, die Luft ruhig ist und die Instrumente Wohlbefinden des Flugzeuges melden – ganz genau weiß ich das nicht.

Aber immer war es eine gute Gelegenheit, über Gott und die Welt nachzudenken. Wie oft habe ich auf langen Flügen verflucht, losgeflogen zu sein. Denn waren die Bedingungen nicht gut, das Wetter stimmte nicht, oder der Zeiger eines Instrumentes stand nicht auf seinem Platz. Viel öfter habe ich mich gefreut, etwas gewagt zu haben, unterwegs zu sein, die Welt zu sehen, wie man sie nur so sehen kann. Sinn des Lebens – das entscheidet jeder für sich. Und ich habe mich so entschieden. Freiheit – das sind Augenblicke wie diese – nach einem langen Flug sehe ich die Küste. Nie werde ich vergessen, wie ich zum ersten Mal die Ostküste Grönlands sah. Eisberge, grün-blau schimmerndes Wasser, Farben, die nur wenige gesehen haben. Die 2000 m hohen Berge an der Küste – und dann, versteckt zwischen den Bergen, ein kleiner Flugplatz, Menschen, Leben in der Eiswüste. Augenblicke, die für alles entschädigen.

Ich habe Glück, unwahrscheinliches Glück – habe Gelegenheit zu tun, was ich möchte. Freiheit ist kein Geschenk – man muß für sie arbeiten. Ideen zu haben, ist keine Kunst. Ich kenne Menschen, die haben Ideen, da kann ich neidisch werden. Nur – sie führen sie nicht aus, werden mit den nicht verwirklichten Träumen alt und bekommen Magengeschwüre.

Freiheit heißt, Ideen zu verwirklichen, sie zu tun. Sicher ist der Rahmen gesteckt — die Idee, morgen auf den Mond zu fliegen, hört sich gut an.

Nur — das wird kaum klappen, ist also Spinnerei.

Wie entstehen eigentlich Ideen? Man hört etwas, irgendetwas fällt einem ein — die Sache beginnt zu arbeiten. Nimmt Formen an, wird im Kopf auf Durchführbarkeit geprüft. Wenn sie stark genug ist, wird sie ausgeführt. Irgendwann, irgendwie. Ich erinnere mich an unser erstes Alstervergnügen, ein Riesenfest in Hamburg. Taucher, Fallschirmspringer, Bands, Ballettgruppen, Straßentheater — alle machen mit. Wieso keine Flieger? Ich rufe Eberhard Möbius, den Theatermenschen und Ausrichter des Festes an. Warum machen wir keinen Kunstflug über der Alster? Tolle Idee, meint er, geht aber nicht, weil die Behörden das nicht erlauben. Außerdem liegt die Alster in der Kontrollzone, und es sind auch nur noch drei Tage. Aber, wenn du das schaffst — das wäre ganz toll. Die Idee ist also gut. Zur Ausführung — Umgang mit Behörden.

Ich wähle den „kleinen" Dienstweg. Anflugkontrolle Fuhlsbüttel — na klar, tolle Idee, wir machen mit. Na also, der Tower in Hamburg war schon immer auf unserer Seite. Luftamt, Dr. Behrends — er möchte nicht so recht. Das geht nicht, da spielt die Anflugkontrolle nicht mit. Doch, sage ich, die haben schon ja gesagt. Hm, naja, also, wenn Sie sich um die anderen Behörden kümmern, wenn die alle ja sagen, dann meinetwegen.

Die Polizeibehörde, ein unangenehmer Mensch sagt sofort nein. Wegen Verkehrsgefährdung. Ich rufe den Senator an. Der verbindet mit Herrn Klein, dem Referenten. Da hab' ich einen Partner, der findet das gut — 30 Minuten braucht er, um alles klarzumachen. Die Hamburger Hochbahn läßt ihre Alsterdampfer außenrum fahren, falls ich ins Wasser falle. Freundlich, aber unnötig. Freitag morgen um 10 Uhr bin ich bei Dr. Behrends. Habe alle Genehmigungen. Und er sagt mir ganz ehrlich, er hat an sich ganz fest damit gerechnet, daß irgend jemand nein sagt. Weil er dann nicht den Schwarzen Peter gehabt hätte. Nun konnte er nicht mehr anders — eine Dame im Schreibbüro macht Überstunden, am Nachmittag habe ich sechs Briefe zu sechs Behörden ausgetragen — pünktlich am Sonntag um 12 Uhr fliege ich mit der RF4 in 3000 ft über der Alster.

Hamburg Anflugkontrolle hält den Luftraum frei — ich fliege mein Programm, Tausende säumen das Ufer der Alster. In den Zeitungen war die Geschichte angekündigt. Vierhundert Meter Höhe — der letzte Turn. Hol's der Teufel, im

Kopf und Augen . . .

Scheitelpunkt würge ich den Motor ab. Anlasser habe ich nicht. Andrücken — bei 220 km/h dreht sich der Quirl. Puh, das war knapp, aus den 400 m wurden plötzlich 100. Und da werden die kleinen Segelboote schon recht groß. Hätten sicher einige was zu lachen gehabt, wenn der Kunstflieger zum Kunstschwimmer geworden wäre.
Jedenfalls habe ich meine Idee verwirklicht. Genauso habe ich der Lärmschutzkommission am Hamburger Flughafen die Genehmigung abgetrotzt, Silvesternacht um 24 Uhr mit einer Cherokee Six über Hamburg zu fliegen. Schließlich sind wir Flieger. Was also liegt näher, als das neue Jahr im Fluge zu begrüßen?
Petra Labarre besorgt die Cherokee, ich schlage mich mit Herrn Kleemeier, intern „Lärmmeier" genannt, herum. Der will nicht, legt sich quer. Wegen der Lärmbelästigung, wie er sagt. Sylvesternacht um 24 Uhr mit einer Cherokee über Hamburg — und der Mensch redet von Lärmbelästigung. Sind die eigentlich alle ganz bescheuert? Irgendwann merkt der Mann, daß er Stuß redet. Sicherheitsbedenken fallen ihm da ein.
So eine Silvesterrakete könnte uns vom Himmel holen. Also, lieber Herr „Lärmmeier", darüber sprech' ich mal mit dem Tower. Ja, sagt der Schichtleiter, wenn der das sagt, müssen wir den Flugplatz um 20 Uhr schließen. Wegen der Raketen.... Das sag ich dem Herrn Kleemeier. Also, um Gottes willen, Herr Schultz — damit hatte er nicht gerechnet. Mir wird die Sache zu dumm — Frau Senator sagt, ihr Gatte weilt gerade in Afrika. Doch sein Referent hilft sofort — einen Tag später ist die Genehmigung da.
Später erfahre ich, daß da vorher eine Lärmmessung mit einer Cherokee gemacht wurde. Damit ja keiner in der Silvesternacht von dem kleinen Flieger belästigt wird... Unglaublich? Jedes Wort stimmt! Wir feiern im Hanseatischen Fliegerclub mit Selter, um 22.45 Uhr gehen Petra, Gunnar, Edith zwei Klubfreunde und ich auf den Hof. Wo wollt ihr denn hin, fragen die Kameraden. Fliegen, sag ich. Die glauben uns natürlich kein Wort. Wir kreisen über Hamburg, dann ist 24 Uhr — Prost Neujahr, der Sekt wird geköpft. Unter uns explodiert Hamburg, Millionenfeuerwerk vertreibt die bösen Geister — wer hat das wohl vor uns von hier erlebt?
Ein unvergeßliches Erlebnis, Eintragung in das Flugbuch: Start 1978. Landung: 1979. Wir landen, stürzen uns wieder ins Getümmel. Wo wart ihr denn? „Fliegen", lautet die Antwort. Jetzt stutzt doch einer, geht 'raus zum Flugzeug — der Motor ist noch warm. Dann stürzen sie sich auf uns, fragen. Ich erzähle — plötzlich wollen alle Silvester fliegen — nächstes Jahr....
Getan hat es noch keiner. Ein Stück Freiheit — nur, es gibt kein Stück umsonst auf dieser Welt. Jedenfalls nicht, seitdem Eva damals den Blödsinn mit dem Apfel oder was immer das war, gemacht hat und Adam, dieser Trottel, drauf reingefallen ist.

Das ist etwas, was ich in den USA immer wieder bewundere. Wenn den Fliegern irgend jemand ein Stückchen ihrer Freiheit wegnehmen will, dann kämpfen die. Mit Kratzen und Beißen, wenn es sein muß. Werfen ihre Abgeordneten mit Briefen tot, mobilisieren eine Lobby — da geht's dann richtig zur Sache. Und meist haben sie noch gewonnen. Weil sie sich engagieren, kämpfen, sich kein Recht ohne Grund nehmen lassen. Dafür tragen sie aber auch Verantwortung, benutzen beim Fliegen Kopf und Augen, beweisen, jeder für sich und jeden Tag wieder, daß sie kein Gängelband brauchen. Wie sonst könnten 20 Flugzeuge nachts um 24 Uhr in der Platzrunde fliegen — ohne Flugleiter auf dem Tower? Sich der Verantwortung würdig erweisen — dafür gibt's Freiheit.
Bei uns ist es dafür zu spät — damit hätten wir eher anfangen müssen.
Den Rest, den jämmerlichen, den können — und müssen wir retten. Nur

— solange keiner bereit ist, den Griffel in die Hand zu nehmen und den Abgeordneten, Minister oder wem auch immer — die Meinung zu blasen, immer wieder, bis die begriffen haben, daß wir über 60 000 Flieger sind und außerdem viele Freunde haben, die zur Wahl gehen — solange wir das nicht tun, wird sich sicher keiner dieser Herren für uns „aus dem Fenster lehnen".

Freiheit gibt's eben nicht umsonst. Darüber denke ich in den langen, gar nicht einsamen Stunden über den Wolken nach.

Nachdenken? Auch so ein blödes Wort. Nachdenken ist zu spät. — Vordenken müssen wir lernen. Erinnern tue ich mich in den besinnlichen Stunden an die Menschen, die ich unterwegs kennengelernt habe. Harry in Bridgeport, mit dem ich durch die stockdunkle Nacht geflogen bin. Alice, die in Fort Chimo Essen, Trinken, Bett und Unterkunft besorgt, Jonny May, den Buschpiloten, Bauken Noak in Oshkosh, der nächtelang mit mir in der Werkstatt stand, Ray Fiset, der im Rollstuhl sitzt und Optimismus verbreitet, wenn ich verzagt bin, an Deena und Eric und die unvergeßlichen Tage in Mariposa, dem kleinen

Nest in Kalifornien. George Holmes fällt mir ein, wie wir beide staunend vor der Taifun standen und das Kabel für die Positionslampe an der Tragfläche suchten und nicht fanden, weil's da keines gab, und der mir dann seine selbstgebaute VariEze und die Quickie zum Fliegen anbot. Ben und „J. K." in Kulusuk, besondere Menschen, ruhig, besonnen — wo sonst kann man solche Menschen kennenlernen als in der Einsamkeit und an kleinen Flugplätzen?

Ein kleines bißchen ist es immer wie sterben, wenn man Abschied nimmt. So weit sind die Freunde weg, daß man nie weiß, ob man sie je wiedersieht. Aber die Zeit, die ich mit ihnen verbracht habe — die nimmt mir keiner. Dafür lebt der Mensch. Das Risiko dabei? Das ist vorhanden. Irgendwann klappt der schwarze Deckel zu. Dann will ich sagen, es hat sich gelohnt. Das ist Freiheit. Meine jedenfalls.

Endlich überland

1970, die Dahlemer Binz ist noch ein Sturzacker, auch Fahrwerkstestgelände genannt. Ich lerne Segelfliegen. Und höre, hier sollen noch ein paar Hamburger rumlaufen. Endlich sollen die heißen. Na, für den Namen können die ja nichts, denk ich. So treffe ich Helmut und Lilo. Helmut ist alter Kriegsflieger und als solcher an einer RF4 interessiert. Und Freddi Schliewa bringt seine etwas eingerosteten Kenntnisse auf den Stand der Technik. So dröhnen die beiden tagaus, tagein mit der RF5 durch die Eifel. Lilo pflegt den Hund und wartet. So um die 50 müßten die beiden sein, Helmut Medizinalrat der Zahnheilkunde. Und abends, beim Bier, kann er tolle Geschichten erzählen, wie das damals so war. Riesig nett, die beiden. Helmut kauft seine RF4, Lilo, die kluge Ehefrau, stimmt zu. Wir verabschieden uns, „wenn du mal soweit bist, daß du RF4 fliegen kannst, ruf mich in Hamburg an", sagt der Helmut zum Abschied. Wie man immer so was zum Abschied sagt. Ich hab' mich noch nicht mal freigeflogen.

Aber ein Jahr später – stolzer Besitzer auch des Motorseglerscheines – fällt mir der Name Endlich wieder ein. Ich rufe an, Lilo erkennt mich sofort wieder, am Sonnabend treffen wir uns. Die RF4 steht seit Monaten im Stall. Weil Helmut den Flieger per Flugauftrag nach Uetersen überführt hat und dabei irgendein Formfehler passiert ist, haben sie Helmut gewaltig Ärger gemacht. Wir hatten damals so einen wahnsinnig tollen Flugleiter in Uetersen, den Namen sag' ich nicht. Aber der Herr May war's nicht. Und der hat gleich die Polizei geholt. Muß für Helmut Endlich wohl ein starker Eindruck gewesen sein, er ist seitdem der Fliegerei Gram. Aber Durst hat er viel.

So komme ich am nächsten Morgen doch nicht zum fliegen. Wir müssen an Erikas Bar vorbei, um in die Halle zu kommen. Und genau da bleibt der Helmut hängen. Und zwar ausgiebig. Sonntag, zweiter Versuch. Die D-KAQU steht traurig und verstaubt in der Ecke. Ich putze sie, schon sieht der Flieger fröhlich aus. Nach geraumer Zeit gibt auch der

Rectimo seinen erbitterten Widerstand auf und entschließt sich zu zögernder Kraftabgabe. Ich sitze, stolz wie Oskar und ziemlich aufgeregt, im Cockpit und sage meinen Vers auf. Als ich die Kilometer zum Startbahnanfang endlich abgerollt habe, höre ich den Flugleiter (der schon erwähnte). Ob ich denn nicht wüßte, daß ab heute Farbwarnmarkierungen am Flugzeug sein müßten? Nee, wußt' ich nicht. Na, dann rollen Sie man schön zurück, sagt der Mensch süffisant. Was soll ich tun, da ist die Obrigkeit. Helmut kaut schon auf den Fingernägeln und erhebt die geballte Faust zum Tower, spricht schreckliche Verwünschungen aus und ist überhaupt ziemlich sauer. Aber der Mann auf dem Tower hat recht, was soll man tun? Ich lotse Helmut behutsam an der Bar vorbei, dann suchen wir im Ort eine Drogerie, klingeln den Besitzer raus und kaufen Farbe und Pinsel. Und Abklebeband. Eine Stunde später ist das Werk vollbracht. Ich setze mich 'rein und rolle los. Brüllt dieser Mensch mich an, als hätte ich was mit den Ohren: „D-KAQU, ich werde eine Meldung machen, ich habe Ihnen gerade gesagt, daß Sie ohne Farbmarkierung nicht fliegen dürfen, können Sie nicht hören?" Ich lasse ihn toben, genüßlich, wie ich gestehe. Als er wieder anfängt, mich anzubrüllen, frage ich ihn dann, ob er etwas mit den Augen hätte. „Wieso?", sagt die tumbe Stimme. Dann sieht und begreift er. „Ja aber, ist denn die Farbe schon trocken?", tönt es im Lautsprecher. Auf meine Frage, ob es denn verboten wäre, mit nasser Farbe zu fliegen, schallt mir herzhaftes Lachen in die Ohren.

Arglos . . .

Der Mann im Tower aber schweigt. Später hat er noch einmal was ganz Unflätiges zu mir gesagt. Das letzte, was ich von ihm hörte, war, daß er nun Verkäufer in einem Sex-Shop ist. Hoffentlich hat er wenigstens davon Ahnung....

Ich bin glücklich, Helmuts Maschine sooft ich will, fliegen zu dürfen, Helmut freut sich, daß der Vogel fliegt — Herz, was willst du mehr. Später entschließt Helmut sich, von der Flasche wieder zum Steuerknüppel zu wechseln. Dafür will er sich auf der Dahlemer Binz eine RF4 chartern und da schulen. Als er mir das erzählt, gucken wir uns an — und verstehen. Er fragt mich, ob ich denn schon mal richtig überlandgeflogen wäre. Klar, lüge ich, mit Segelflugzeugen.

Also, verkündet und beschlossen, ich fliege die KAQU zur Binz. Heute kann ich's ja sagen, ich war damals noch nie weiter als 10 km vom Platz weg. Und meine Ahnung von Flugvorbereitung war damals gleich null.

Aber Helmut, der alte Flieger, hilft mir. Wir kleben die Karte zusammen, ziehen einen Strich von Uetersen zur Dahlemer Binz — und schreiben 270 Grad daneben. So um die drei Stunden Flugzeit haben wir ausgerechnet. Zur Vorsicht habe ich einen kompletten Satz Generalkarten mit. Ansonsten bin ich arglos und glaube alles, was Helmut erzählt. Setze mich in den Flieger und fliege los. Herrliches Hochdruckwetter, etwas dunstig, kaum Wind — so richtig für Dumme wie mich.

Nach 30 Minuten tippe ich auf den ersten Strich der Karte und blicke angestrengt nach unten. Verdammt, die Karte stimmt nicht. Jedenfalls sieht unter mir alles anders aus als auf dem Papier. Also erst mal weiter. Nur — es wird nicht besser, Karte und Landschaft wollen einfach nicht zusammenpassen. Bestimmt ist der Kompaß nicht in Ordnung, denke ich mir. Oder der Wind bläst ganz doll. Aber irgendwann muß ja mal die Autobahn kommen. Und die Weser. Kommt aber gar nichts, keine Autobahn, nur eine Eisenbahn. Und die ist wieder nicht auf der Karte. Also, das ist ja ganz komisch, denk' ich. Dann sehe ich vor mir etwas. Was mag das sein?

Ein Moor, scheint so. Da flieg' ich mal hin, das ist ja ein ganz großes Moor, da kann ich sicher die Fährte wieder aufnehmen. Und das Moor wird immer größer und größer. Ich beschließe, daß es so große Moore überhaupt nicht gibt. Und erkenne — die Nordsee. Wieso Nordsee? Da will ich doch gar nicht hin! Also der Kompaß, so ein Schrott! Das Vertrauen zu dem im Alkohol schwabbelnden Etwas ist hin, gründlich. Ich begreif' die Welt nicht mehr. Fliege an der Küste längs und sehe eine Flußmündung. Wenn ich nicht im Kreis geflogen bin, kann das nur die Weser sein. Wenn ich ihr folge, müßte ja irgendwann Bremen kommen. Und Bremen kommt! Weil ich unwiderruflich beschlossen habe, dem Kompaß nicht mehr zu trauen, nehme ich am Bremer Kreuz die Autobahn Richtung Ruhrgebiet. Die Strecke kenn ich gut, wohnt doch meine Sippschaft in Mühlheim an der Ruhr.

Ich bin sicher, die Binz heute nicht mehr zu erreichen, aber Mühlheim, das müßt' doch zu finden sein, auch ohne Kompaß. Also fliege ich die Autobahn entlang, herrliches Wetter immer noch, und freue mich, wenn ich die Autos überhole. Wenn ich so die Autobahn mit dem Kompaß vergleiche — jetzt stimmt es wieder. Seltsames Gerät ist das. Dortmund — weiter fliege ich Richtung B 1. Prompt verlier' ich wieder die Orientierung. Wie hat Helmut doch erzählt? Die Schilder an der Autobahn sind groß genug, wenn man nur tief genug fliegt. Also gebe ich meine Höhe auf und erkenne „Mühlheim/Ruhr Aktienstraße". Das paßt ja toll, hier biegen wir sonst immer mit dem Auto ab, und ein Stück weiter ist der Flughafen Essen-Mühlheim! Befriedigt hebe ich den Blick vom Straßenschild — da trifft mich der Schlag! Direkt vor mir, riesengroß und drohend, steht eine Hochspannungsleitung! Drüberweg geht nicht, unterdurch paßt. Ich schwöre beim Apfelkuchen meiner Großmutter — nie wieder habe ich Autobahnschilder zu lesen versucht. Meine Nerven brauchen einige Zeit, um sich zu beruhigen. Minuten später bin ich gelandet und rufe den Vetter Artur an. Bei Onkel und Tanten werde ich als Held gefeiert — soweit fliegt der Junge mit dem kleinen Flugzeug.... Ich lasse es über mich ergehen und verweigere Einzelheiten. Auch dem Helmut erzähle ich nicht alles, nur, daß ich meine Verwandten besuchen wollte, weil das ja auf dem Weg liegt. Und daß seine RF4 pünktlich morgen früh auf der Binz sein wird.

Karte verkehrt . . .

Und früh am morgen geht's dann weiter, Richtung Krefeld, immer an der Düsseldorfer Kontrollzone entlang. Es ist dunstig, mein Selbstvertrauen auf dem Nullpunkt und unter mir der Platz von Egelsberg. Das Fahrwerk raus und erst einmal entspannen. Die Kameraden nehmen mich freundlich auf, ich meine jedoch, Heiterkeit bei einigen zu

sehen, als ich meine Generalkarten auspacke und nach dem Weg zur Binz frage. Ich lasse mir alles mehrere Male erklären und überwinde mich zum Weiterflug. Diesmal dauert es kaum zehn Minuten, bis Karte und Landschaft nicht mehr im Gleichklang stehen. Nach der Karte müßte zuerst eine im Bau befindliche Autobahn und dann eine richtige, fertige kommen. Unter mir trägt sich das Ganze in umgekehrter Reihenfolge vor.
Oh wie verfluche ich meine Lügen, von wegen Überlanderfahrung! Nie wieder will ich sowas tun, wenn ich bloß erst mal diese verdammte Dahlemer Binz gefunden habe! Nicht mal die Autobahnen haben Mitleid und kommen in der richtigen Reihenfolge.
Der gütige Gott will, daß unter mir ein Flugplatz auftaucht — das kann nur Mönchengladbach sein! Ich bin entnervt, tue das Fahrwerk raus und lande erst einmal. Das mit den Autobahnen stimmt, erzählen sie mir, das ist ein Druckfehler in der Karte. Und erklären mir noch einmal den Weg zu meinem Ziel. Ich fliege weiter, folge kleinen Flüssen, die auf der Karte groß und blau gedruckt sind, in Wahrheit aber so klein und überwachsen sind, daß sie manchmal im Grün der Landschaft verschwinden.
Die Eisenbahn ist hin und wieder auch weg — was weiß ich schon von Tunneln? Und dann — ich fasse es kaum — vor mir liegt die Dahlemer Binz! Mein Gott, ich hab' kaum noch

geglaubt, jemals hier anzukommen! Zentnerschwere Steine fallen mir vom Herzen. Und dem Helmut, der schon sehnsüchtig und sorgenvoll auf seinen Flieger wartet, sicher auch! Glücklich stelle ich die RF4 ab — wir trinken erst mal ein großes Kölsch. Und dann beichte ich Helmut den ganzen Flug.

Helmut Endlich meint, das kann doch gar nicht angehen, ich hätte doch nur dem Strich auf der Karte nachzufliegen brauchen. Gemeinsam sehen wir uns den Strich an. 270 Grad stehen da, mit dem dicken roten Stift gemalt. Aber der Strich geht nach 217 Grad. Und ich Trottel habe immer nur die 270 Grad gesehen und nicht bemerkt, daß der Strich nach 217 Grad geht.

Kompaß, Karte, alles in Ordnung. Nur im Kopf, da war wohl irgendwas nicht in Ordnung....
Ich nehme Helmuts Auto mit nach Hamburg. Fünf Stunden später bin ich zu Hause und immer noch sehr nachdenklich....

Floh im Ohr

Den Floh hatte mir der Ludwig Mühlenbock ins Ohr gesetzt. Die Heppenheimer wollten ihre RF4 verkaufen. Für 10 000,– DM. Die hatte ich, und eine RF4 wollte ich immer schon haben. Als es dann ernst wird, wollen die nicht mehr verkaufen. Und im Geiste saß ich schon drin! Wie das so ist, wenn die Idee nur stark genug ist – am nächsten Tag habe ich eine Liste mit allen Motorseglern in Deutschland. Und darin finde ich so 30 RF4. Becirce die Maus von der Auskunft und habe eine Stunde später alle Telefonnummern. Dann falle ich 30 RF4 Besitzern auf den Geist. „Guten Tag, Schultz, möchten Sie Ihre RF4 verkaufen?" Also, hätte ich gefragt, ob ich die Tochter oder Frau ausleihen könnte, vielleicht hätte der eine oder andere „ja" gesagt. Aber was ich mir anhören mußte wegen der RF4 .... Beschimpft haben sie mich, schon die Frage, so etwas herzugeben, und ob ich denn nicht wüßte, wie wenig es davon noch gäbe. Das war ganz schön schlimm, was die mir da erzählt haben. Der 28. war der Herr Rediger aus Plettenberg. Der wollte verkaufen. Es ist Freitag, 20 Uhr. Wann ich denn den Flieger sehen kann? Gut, morgen um 10 Uhr bin ich da. Das Auto getankt und nichts wie los. Tür zu. Tür geht wieder auf. Tür zu. Geht wieder auf. Und so weiter. Wer repariert mir am Sonnabend eine störrische Citroën-Tür? Erraten – keiner. Also zubinden und zu Angelika fahren. Angelika wohnt in Munster, ist Lehrerin – und man kann Pferde mit ihr stehlen. (Leider nicht mehr, sie hat inzwischen einen Pastor geheiratet. So gehen die besten Talente verloren.) Sie kommt um 11 Uhr aus der Schule, um 11.15 Uhr sitzen wir in ihrem neuen Auto. Und das fährt auch nicht richtig. Um 14 Uhr sind wir da. Die D-KIRE steht vor mir. Eine Schönheit, sauber, gepflegt, nicht so viele Stunden, Funkgerät. Aber seit sechs Monaten steht sie im Stall, sagt Klaus Rediger. Die RF4 anwerfen ist eine kleine Wissenschaft. Achtmal ohne Zündung, etwas Choke (oder nicht, wer weiß das schon), Zündung ein – Durchdrehen. Schon springt sie an – oder nicht. In diesem Falle eben nicht. Noch mal das Ganze. Noch zwanzig mal. Der Rectimo hustet uns was, im Sinne des Wortes. Ich beschwöre ihn – das hilft. Zwar haben sich drei Leute den Arm aus dem Gelenk gedreht, aber die munteren 39 PS sind zum Leben erwacht. Ich soll ruhig fliegen, sagt Klaus Rediger. Ob er nicht erst wolle? Nein. Arglos, wie ich bin, steige ich ein. Die Bahn in Plettenberg geht bergauf, dann kommen die Häuser. Kurz bevor die kommen, entschließt sich die KIRE zu fliegen. Zögernd allerdings nur. So komme ich zu einem Rundflug „durchs Dorf". Könnte etwas höher drehen, der Rectimo. Tut er aber nicht. Der Flieger fliegt, wie eine RF4 fliegt – Spitze! Wunderbar

abgestimmte Ruder, schnell, wendig — wenn man „Rolle" sagt, fliegt sie Rolle. Ich lande und kaufe. Bißchen beschummelt haben die Kameraden mich trotzdem. Den ersten Propeller sollte sie noch haben, eine Seltenheit bei der RF4. Weil doch hin und wieder das Fahrwerk vergessen wird. Das kann die Latte dann nicht gut ab. Später, als ich stolz von der nur einen Latte in Werdohl erzähle, schlagen die sich auf die Schenkel. Weil die Plettenberger sich immer die Werdohler und die Werdohler immer die Plettenberger Propeller ausgeliehen haben. Je nachdem, wer gerade eine heile hatte. Müssen wohl immer vergessen haben, das ins Bordbuch einzutragen ... Na gut, Schwamm drüber. 10 000 DM und Flugzeug wechseln Besitzer. Zwei Wochen später ist Taufe in Kiel. „Jonathan" heißt die D-KIRE nun. Und weil es so schön ist, taufen wir die Ka 6 von Monster auch gleich mit. Monster heißt an sich Karl-Heinz Krug. Weil Monster aber den Nagel auf den Kopf trifft, heißt er eben so und ist auch so. Um seinem Namen alle Ehre zu machen, ist er nach Namour geflogen. Weil das 500 km von Kiel weg ist und weil der Verein ihn immer nicht lassen wollte, ist er nach Namour geflogen. Kurzum, keine Ka 6 und kein Monster sind zur Taufe da. Aber Klaus Busch und sein neuer Astir sind da. Zu taufen gibt's also schon genug. Zu trinken und essen ebenfalls.

Es ist März und kalt. Draußen und drinnen. Draußen wegen der Jahreszeit, drinnen, weil die Heizung vergessen wurde. Es wird ein homerisches Fest, auch wenn es kalt ist. Zu dieser Zeit — 1976 — war Kiel der am besten zu „befeiernde" Platz. Buschi, Monster, Schnubbel, die Dorner-Müllers, Bronco, ... Namen, die für Qualität bürgen. Den Namen „Kieler Chaoten" haben sie sich in redlich harter Arbeit erworben. RF4 und Besitzer sind getauft — wobei der Besitzer nasser wurde als der Flieger. Jedenfalls innerlich. Und dann wird die Zahnbürste eingepackt — Deutschlandflug ganz privat. Ohne festes Ziel, einfach so. Abends am Flugplatz wird der nächste Platz ausgeguckt. Ein bißchen erinnert mich die Dame RF4 an eine gute Freundin — hübsch, äußerlich sehr gepflegt — nicht unanstellig. Aber etwas eigenwillig und ein wenig verkommen.

Böser Graben . . .

So will der Drehzahlmesser absolut die letzten 150 Umdrehungen nicht anzeigen. Die Startstrecke verlängert sich entsprechend. So nehme ich das Werkzeug zur Hand, checke alles durch. Und finde natürlich nichts. 150 Umdrehungen sind schlicht verschwunden. Lange stört das nicht. Bis ich dann in Nabern starte. Am Ende der Bahn steht ein Kran, etwas seitlich versetzt. Es ist nach 16 Uhr, der Flugleiter sagt, der Kranführer hat Feierabend und darum würde der Ausleger in der jetzigen, nicht störenden Richtung stehenbleiben. Wirklich? Wirklich, sagt er. Also gebe ich den angeblich 39 PS die Sporen. Abheben, Fahrwerk ein — wie ich hoch gucke, trifft mich bald der Schlag. Besser gesagt, ich treffe bald den mächtigen Ausleger des Kranes. Der hat sich nämlich im Wind gedreht und versperrt den Weg in Verlängerung der Landebahn. Zu überlegen gibt's da nichts, drücken und zwischen herabhängendem Seil und Kran unten durch. Schön, daß die D-KIRE nur 11,20 m Spannweite hat. Mehr hätte es nicht sein dürfen, sonst hätte es keinen Kran und keine RF4 mehr gegeben. Und meinem körperlichen Wohlbefinden wäre ein Absturz sicher auch abträglich gewesen. Ich hole tief Luft und drücke die Sendetaste. „Sind Sie sicher, daß der Kranführer Feierabend hat?"

„Nein, nicht mehr", kommt die etwas betretene Antwort aus dem Tower. Nett . . . Weiter geht die Reise zum vorläufigen Ende nach Heppenheim, Ludwig und Hanne besuchen. Von dem vorläufigen Ende weiß ich beim Start noch nichts. Es wird recht spät, dunstig — überhaupt nicht schön. Auf meine Funksprüche meldet sich niemand. Aber ich sehe, wie die Schleppmaschine Richtung Pappeln startet. Also wird das die Landerichtung sein. Langes Endteil, die hohe Straßenböschung überfliegen, Klappen raus — paßt alles nicht richtig, zu schnell bin ich auch, sehe, wie die Halle vorbeifliegt. Und jetzt paßt gar nichts mehr. Durchstarten mag ich nicht und setze viel zu schnell auf. Das Ende — vorläufig nur des Platzes — naht. Siedendheiß fällt mir ein, daß das Ende der Bahn unwiderruflich ist, weil da ein sehr breiter, sehr tiefer Graben ist, von dem die Heppenheimer schreckliche

Geschichten zu erzählen wissen. Flugzeuge soll er anlocken und dann fressen. Ich will da nicht rein! Der letzte Reiter kommt vorbei, Seitenruder nach links und bremsen, lieber parallel an dieser Flugzeugfalle vorbei. Nur – das Gras ist naß. Und das bewirkt, daß der Flieger, zwar wie befohlen, die Nase nach links dreht, die Richtung ändert sich jedoch nicht, überhaupt nicht. Bevor ich richtig zu staunen anfange, tut's einen Schlag, häßliche, holzzerbrechende Geräusche höre ich – dann ist Stille. Schreckliche Stille. Der Propeller ist 40 cm kurz. Und der Flieger wippt, der Rumpf freischwebend über dem Nichts des Grabens, unentschlossen um die Querachse.

Seitlich ist er rutschenderweise über den Graben gesprungen, jedenfalls halb. Ich bin sprachlos, echt. Bleibe erstmal ganz still sitzen und denke, der böse Traum ist gleich vorbei.

Ist er aber nicht. Der Propeller wird nicht länger, wie oft ich auch die Augen öffne und schließe.

Scheiß Graben. Scheiß Wind.

Dann kommen auch schon die Kameraden angelaufen, sich mühsam ob des wirklich komisch vor sich hinschaukelnden Fliegers und des nicht minder dämlich aus der Wäsche guckenden Piloten das Lachen verkneifend. „Warum bist du denn in den Graben gefallen?", tönt es von draußen. Blöde Fragen dieser Art fehlen mir gerade noch. Warum wohl? „Hab' doch versucht, dran vorbeizu«fahren»", erwidere ich. „Hätt'st doch geradeaus rollen können, wir haben den Graben doch vor 14 Tagen in Verlängerung der Bahn zugeschüttet." Würd' ich nicht drauf sitzen, ich würd' mir in den Hintern beißen.

Das darf doch alles nicht wahr sein.

Und mit Rückenwind bin ich auch gelandet.

Und zu schnell.

Durchstarten hätt' ich auch können.

Hab ich aber alles nicht getan.

Nur an dem nicht vorhandenen Graben bin ich vorbeigerollt, um in den vorhandenen zu fallen.

Mein Gott, kann ich blöd sein. 40 Seiten Bericht fürs LBA ausfüllen, zu Hause anrufen. „Du, Edith, ich komm'n bißchen eher nach Hause, morgen ... Holst du mich vom Bahnhof ab?" Tut sie, die Gute. Und fragt lieber nicht soviel . . .

Brandblase

Ich hab' eine Nachtfahrtlizenz, sagt Hans. Hans, sage ich, du spinnst. Man kann doch nicht nachts, im Dunkeln, mit einem Heißluftballon fahren. Kann man doch, sagt Hans Büker. Und holt den Schein zwischen dem Wust von Papieren heraus.

Da steht's, schwarz auf weiß. Er darf. Ich guck' den Hans an, der Hans guckt mich an — die Sache ist beschlossen.

Wir sitzen in einem besseren Hotel in der Nähe von Essen, ich habe gerade meine erste Fahrt in einem Heißluftballon hinter mir. Hans Büker hat mich getauft. Zünftig, wie es sich gehört. In der Mitte des Hotelsaales mußte ich niederknien. Hans leert den Sekt über meinem Haupt und reibt die Haare mit der Erde des Landeplatzes ein. Das mit der Erde habe ich erst viel später gemerkt, als ich mir die Haare kämmen wollte. Ich hab' gedacht, da steht ein Fremder im Spiegel, der sieht aus wie eine Sau. Ich heiße nun „Graf Hockey von Baldeney", darf nie wieder „fliegen" sagen, wenn ein Ballon fährt und muß auch immer meinen Taufnamen wissen, wenn mich ein anderer getaufter Ballonfahrer fragt. Andernfalls ich für alle Anwesenden Schnaps bezahlen muß, viel Schnaps.

Also merke ich mir das. Aber eine Nachfahrt mit einem Ballon? Etwas unheimlich, die ganze Sache. Kneifen? Nein. Wann gibt's schon mal eine solche Gelegenheit? Zurück zum Gruga-Gelände nach Essen, zur Deutschen Luftfahrt-Ausstellung „DELA". Gas haben wir noch genug. Es ist 23 Uhr. Die AIS in Frankfurt ist die ganze Nacht besetzt, wir geben den Flugplan auf.

Zuerst glauben die, wir scherzen. Dann nehmen sie uns ernst und schreiben auf. Die Wettervorhersage ist glänzend und muß es auch sein. Wir brauchen Leute — mindestens zehn, sonst bringen wir die D-Brandblase nicht in die Luft. Du, Hans, ich kenn' da einen von der OUV, Hans Franke heißt der, der pennt im Wohnwagen. Das ist ein netter Kerl, der hilft uns.

Um 2 Uhr klopfe ich an seine Tür. Er stürzt aus dem Wohnwagen, fluchend und schimpfend, außer sich. Friedliche Bürger nachts wecken, betrunkene Bande, die Tür fliegt zu, das Fluchen geht drinnen weiter.

Ich komme nicht zum Staunen, dazu ist die Zeit zu kurz. War das der nette Kumpel, fragt Hans Büker süffisant und zupft seinen Bart.

Ich schweige. Wieso betrunken, wir sind nüchtern wie die Bergziegen. Ausnahmsweise, wie ich gestehe, aber dennoch. Den Typ vergiß' man schnell wieder, denk ich mir.

"Graf Hockey von Baldeney"

Die Aufgabenstellung ist klar: Wir brauchen zehn Kräftige und Willige. Morgens um 2. Die Leute von der Wach- und Schließgesellschaft! Ich frage – die sind sofort Feuer und Flamme!

Im Innenhof wird die „Brandblase" ausgebreitet, der Brenner faucht dem schlaffen Etwas mit Höllenspektakel Leben ein. Die schwarze Hülle richtet sich auf, beginnt zu schweben – Glück ab, wir fahren in die pechschwarze Nacht hinein. Daß es nach unserem Start UFO-Alarm und Polizeieinsatz gegeben hat, erfahren wir viel später.

Die Polizei hat kein UFO gefunden und den Hotelgästen etwas von Luftspiegelungen und schlechten Träumen erzählt. Hans und ich schweben über dem Ruhrgebiet.

Es ist eine stille, nachdenkliche Fahrt, nur unterbrochen vom gelegentlichen Aufbrüllen des Brenners geistern wir in 300 m Höhe über das Land. Wie das wohl von unten aussieht, wenn da so eine gelegentliche Flamme vorbeifährt. Ist das Wetter wirklich so gut wie die Vorhersage?

Nebel darf nicht . . .

Hans, frage ich, was machen wir, wenn am Morgen Nebel ist? Ist kein Nebel. Hans, und wenn doch Nebel ist? Kann kein Nebel sein. Hans, und wenn doch? Darf kein Nebel sein, brüllt er mich an.

'Tschuldigung, ich dachte ja nur, wenn da Nebel ist, wie soll man denn da mit einem Ballon landen... Hans sagt die Position.

Ich zweifle etwas. Meine, wir sind nördlicher. Und ich meine sogar, hin und wieder ein rotes Lämpchen auf irgendetwas zu sehen. Jedenfalls ist meine Position eine andere. Soll ich mir mal ein QDM geben lassen, von Düsseldorf? Was ist das denn für'n neumodischer Kram, fragt der Hans und läßt mich machen. Es ist 5.20 Uhr, morgens. Die Sonne geht so in einer Stunde auf. Ich sage meinen Vers auf: „Düsseldorf Turm, hier D-Brandblase, wie verstehen Sie mich?" Schweigen. Nach dem dritten Anruf eine verschlafene Stimme aus dem Äther: „Wer ist da?" – „Die D-Brandblase" – „D- Was? Ein was sind Sie?" – „Ein Heißluftballon." – „Ein waaas? Wieso, es ist doch Nacht, darf denn das sein?"

24

Dann findet er den Flugplan und Gefallen an dem Spiel. Ich krieg' mein QDM, zehn Minuten später noch eines — und sehe, daß ich recht habe. Wir treiben genau auf den Flughafen Düsseldorf-Lohausen zu.

Die roten Lichter werden mehr. Was nun? Ich sag's dem Hans. Der springt vor Aufregung fast aus dem Weidenkorb.

Los, frag den, ob wir da landen dürfen, Mensch, auf einem richtigen Verkehrsflughafen, das ist ja toll — der Hans ist aus dem Häuschen.

Amtlich nüchtern . . .

„Düsseldorf Turm, D-Brandblase erbittet Genehmigung zur Einfahrt in Ihre Kontrollzone und Landegenehmigung" — „Im Ernst?" — „Ja". „Ja", sagt der Tower, „wenn Sie meinen, meinetwegen können Sie. Die Postmaschine kommt um 5.45 Uhr. Wenn Sie bis dahin hier sind, dann kommen Sie man, D-Brandblase".

Hans springt wie ein Neandertaler in seinem Korb umher. Und dann steht der Flugplatz vor uns! Der Lotse hat alles Licht angeschaltet. Ein wundervoller Anblick, so ein Riesenflugplatz im Schein seiner Lichter!

Frag' ihn, welche Bahn wir nehmen sollen, sagt Hans. Hans, du spinnst. Aber ich frage, der Lotse kneift sich in den Arm — wach' ich oder träum' ich, denkt er — und sagt uns die Bahn. Meinen Aeronauten hat der Ehrgeiz gepackt. Kurz vor der Bahn zieht er das Ventil — aus zwei Meter Höhe donnert das Gefährt auf die Piste. Die Kniekehlen stehen mir am Hals, das hat ganz schön gebumst. „Düsseldorf Tower, erbitte Genehmigung, zur Halle rollen beziehungsweise schleifen zu dürfen". „Laßt mir die Lampen stehen" — der Controller wehrt sich gegen nichts mehr. Hans heizt noch einmal kräftig ein, ein sanfter Wind schleift Ballon und Gondel über den Flugplatz, vor der Frachthalle zieht Hans die Reißleine. Schlaff fällt das stolze Gebilde in sich zusammen. Der Flugplatz versammelt sich um uns, die Presse ist da. Und zum Frühstück sitzen wir mit den Controllern auf dem Tower, werden mit Kaffee und Kuchen bewirtet — alles freut sich. Später, ich stehe auf der DELA wieder hinter meinem Stand. Da kommt .... schimpfend um die Ecke geschossen, baut sich auf und beschimpft Hans und mich.

Besoffenes Pack, Schande für den Luftsport, Skandal, beim Präsidenten will er sich beschweren und so weiter.

Wir tragen den Affen weit weg. Trotzdem — er ist laut genug, hören können wir ihn immer noch. Kurz darauf kommt unser freundlicher Lotse aus Düsseldorf, hört das Gebrülle. Er hat ein Foto dabei, von unserer Landung. Er schenkt es mir. Hinten hat er draufgeschrieben: „Die Besatzung der D-Brandblase, gelandet in Düsseldorf-Lohhausen um 6.40 Uhr Z, zeigte keinerlei Anzeichen von Alkoholeinwirkungen".

Schlechte Zeiten

Ob ich die B 4 in Oerlinghausen vorfliegen kann? Im Kunstflug? Klar, Victor, bin pünktlich am Sonnabend da. Große Versammlung der Segelfliegergrößen, und Victor hat keine Zeit. So fragt er mich als seinen ehemaligen Schüler. Es ist kühl im März, der Wind pfeift über den Flugplatz. Ich klemme mich in die B 4, tief ausatmen, die Gurte festziehen — Kunstflug mit losen Gurten ist kein Genuß. Schnell hat mich die „Job" auf 1000 m Höhe gezerrt. Endlich mal wieder richtig Kunstfliegen, der Horizont fliegt an mir vorbei, ich drehe die B 4 auf den Rücken. 220 km/h Fahrt, den Knüppel nach vorn — halber Loop nach oben. Querruder, das Höhenruder etwas nach vorn, mit dem oberen Fuß ins Seitenruder — die Rolle wird sauber. Muß sie auch, schließlich steht die Creme de la Creme am Start und beobachtet. Die Fahrt reduzieren, Knüppel nach vorn — aber bitte mit Gefühl — negativer Loop. Was haben wir früher, vier Kunstfluglehrgänge lang, Angst vor den „Negativen" gehabt. Bis Rudi Matthes noch mal erklärt hat und es wirklich keine Ausreden mehr gab. Ich vergeß' nie, wie unangenehm der erste war. Viel zu kräftig hab' ich gedrückt, das waren mehr als vier negative g, die einem den Kopf abreißen wollten. Als der Hals wieder in Ordnung war, ging's.
Und heute ist es fast Routine. 230 km/h hat die B 4 am unteren Scheitelpunkt, gefühlvoll drücke ich den Vogel hoch — langt gut, um oben mit Fahrt anzukommen. Sonst sieht es häßlich aus, wenn am Ende die Fahrt weg ist, hängt man da wie eine reife Pflaume. Schummeln kann man da nicht viel, es gibt nun mal keine Figur,

die eine Eintrittsgeschwindigkeit unter 70 km/h hat. Ich lasse das Flugzeug schießen, 180 km/h Fahrt, hart hochziehen, über die Fläche die Horizontlage beurteilen. Senkrecht steigt der Flieger in den Himmel. 90 km/h Fahrtanzeige — Seitenruder rechts, mit dem Querruder ein wenig mogeln — Turn rechts. Seltsam, wie der Metallvogel stöhnt, wenn er hart rangenommen wird.

Am Scheitelpunkt, wenn er fast in der Luft steht, entspannen sich Blech und Nieten. Als würde das Flugzeug aufatmen, so hört es sich an. Und wenn man sie negativ fliegt, gibt sie gar keine Töne von sich — als würde sie die Luft anhalten. Gerissene Figuren — da stöhnt sie einmal laut auf, knistert etwas — dann ist Stille. Man hört schon genau, was der Vogel sich denkt, ein bißchen lebt er wohl.

Avalanche — halber Loop, gerissene Rolle im Scheitelpunkt — Loop beenden — bringt unheimlich Spaß und sieht gut aus. Langsam ist die Höhe verflogen, zum Abschluß wie immer die Demonstration der unheimlich gut wirkenden Bremsklappen. Viel zu hoch — so sieht es für die Unbeteiligten aus — bin ich im Endteil.

Fahrt reduzieren auf 70 km/h. Bremsklappen raus, Nase runter. Und dann geht alles unheimlich schnell:

Ich sehe, daß ich viel zu tief bin, nie den Platz erreiche. Die Erde schießt mit Wahnsinnsgeschwindigkeit auf mich zu. Ich werfe die Klappen rein, fange ab — wie in Zeitlupe sehe ich den Anhänger neben mir vorbeifliegen. Rechts daneben steht ein BMW. Drei Meter stehen sie auseinander — und ich fliege mitten zwischen durch. Kein Erschrecken, keine Panik. Nur Erstaunen und nüchternes Festellen.

Und dann fliegen mir die Fetzen um die Ohren. Der Film läuft immer noch in Zeitlupe, Flugzeugteile wirbeln durch die Luft, der Hänger schießt durch die Gegend, das Metall des Flugzeuges stöhnt, Staub überall – dann ist Stille, schreckliche Stille.
Ich denke, nun bin ich tot und bleibe ganz ruhig. Hänge parallel zur Erde im Cockpit und sehe Leute auf mich zurennen.

Dann merke ich, daß ich wohl doch noch lebe. Zuerst bewege ich die Zehen, einen nach dem anderen, ganz vorsichtig. Dann Arme, Beine, Körper und Kopf. Und wundere mich, daß alles funktioniert, nichts verweigert den Dienst oder schmerzt.
Ich lebe – bin offensichtlich sogar unverletzt. Schnalle mich los, die Haube läßt sich nur gewaltsam öffnen – dann plumpse ich aus dem Flugzeug – oder dem, was davon übrig ist.
Ich stehe auf, brülle aus vollem Herzen „Scheiße" – und freue mich, daß ich noch lebe.
Dann sehe ich die ganze Bescherung. Als hätte eine Bombe eingeschlagen, so sieht es aus.
Von der stolzen B 4 ist nur noch das Cockpit heil, der Anhänger ist kaum noch als solcher zu erkennen. Bei dem BMW ist eine Tragfläche in die Heckscheibe geschlagen, hat sich um das Auto geschlungen und Dach und Frontscheibe zerstört. Das ganze spielte sich 150 m vor der Landebahn ab.

Daß ich zwischen den Fahrzeugen durch bin – das war Glück, nur Glück.
Zwei Meter weiter rechts oder links – das wärs gewesen. Ich sehe Schutzengel wegfliegen, hunderte müssen es gewesen sein. Nun stürmen die Kameraden auf mich ein.
Warum, wieso, weshalb und die ganzen dummen Fragen.
Ich habe mich einfach verschätzt, eine Sekunde die falsche Entscheidung getroffen. So schnell geht das!
Ihr braucht mir nicht zu sagen, daß das verkehrt war, keiner weiß das besser als ich!
Victor steht vor mir, sieht mich an. Es tut mir leid, Victor, das wollt' ich nicht. Überflüssig, das zu sagen, aber was fällt einem da noch ein ... Mit Säge und Axt räumen wir die Reste weg, werfen sie in den zertrümmerten Anhänger. Victor nimmt mich zur Seite. Die Maschine ist nicht versichert, sagt er mir und blickt mir in die Augen. Das trifft mich wie ein Schlag. Nie im Leben habe ich ein nicht kaskoversichertes Flugzeug geflogen, die HB-1127 habe ich auf einigen Kunstfluglehrgängen geflogen, immer war sie versichert. Und ein Vorführflugzeug ist es außerdem, wieso, Victor, wieso ist sie nicht versichert? Erst nächste Woche sollte die Versicherung abgeschlossen werden. Warum hast Du mir nichts davon gesagt? Weil ich nicht gefragt habe, sagst Du?

Und nun? Ich soll ein Schuldanerkenntnis unterschreiben, 30 000 DM bezahlen! Ich unterschreibe es, was soll ich tun? 30 000 DM, unvorstellbar viel 1974, wo soll ich die hernehmen?
Ich bin völlig fertig. Jetzt erst kommt der Schock.
Ich friere, zittere, male mir aus, was hätte passieren können. Atje Rietz, unser Boß im Fischbeker Verein, nimmt mich in den Arm, sagt, sei froh, daß Du gesund bist, alles andere ist nicht so schlimm.
Ist doch ein feiner Kerl, ich hab' ihn immer nur verkannt. Dann muß ich zum Tower, sagen, was passiert ist.
Und dieser Mensch „scheißt" mich erst mal nach allen Regeln der Kunst zusammen.
Was ich mir dabei gedacht habe und was ich mir einbilde und überhaupt. Peter Leister, der FSI, nimmt mich zur Seite und gibt mir ein paar Tips.

Als ich den Flugleiter frage, wer denn auf einem Verkehrslandeplatz dafür verantwortlich ist, daß keine Fahrzeuge auf dem Platz stehen, ist er auf einmal die Freundlichkeit in Person.
Dann lassen sie mich allein in ihrer Verzweiflung und gehen irgendwohin feiern.
Ich rufe Freunde an und feiere mit denen meinen ganz privaten Geburtstag.

Da staunt der Fachmann . . .

Sonntag bin ich wieder in Hamburg, fahre zum Club und erzähle, was ich für Mist gebaut habe. Denke mir, daß es besser ist, selber zu erzählen als erzählen zu lassen. Verständnisvolle Kommentare höre ich. Wenigstens hier versteht man.

Hätte ich heute schon gewußt, was alles kommt — ich weiß nicht, wie ich mich dann verhalten hätte. Als der Boß wieder da ist, hört sich alles ganz anders an. Bodenloser Leichtsinn, Angeberei, Idiotenkram — die mildesten Kommentare. Und Startverbot.

Ich lasse mich in Fischbek die nächste Zeit nicht mehr blicken, ziehe mich nach Faßberg zurück, da steht unser Condor IV, und die Kameraden sind toleranter. Dann beginnt der Prozeß um das Geld. Grobe Fahrlässigkeit werfen sie mir vor, und fliegen könnt' ich sowieso nicht, leichtsinnig wäre ich immer schon gewesen — es gibt Zeiten, da erkennt man seine Freunde nicht mehr wieder. Und sie hätten mir auch gesagt, daß der Flieger nicht versichert war. Mich packt die kalte Wut, erst holen sie mich zum fliegen, dann sagen sie, ich könnt nicht fliegen und geben mir sogar ein unversichertes Flugzeug.

So schnell ändern sich die Zeiten. Nächster Termin in sechs Wochen. Meine Faßberger Kameraden läßt das unbeeindruckt, sie kennen mich besser.

Ich soll meine Lehrberechtigung machen. Das Vorgespräch mit dem Landesverband findet in Walsrode statt. Als alles besprochen ist, ruft Manfred Bachmann meinen Namen auf und bittet zum Einzelgespräch. Die Verbandsgewaltigen blicken mich ernst an, Herr Bachmann fragt, ob ich meinem Kameraden denn endlich das zu Schrott geflogene Flugzeug bezahlt hätte. Nein, antworte ich, die Sache liegt bei Gericht. Hier, Herr Schultz, können Sie sich nicht hinter ihren Anwälten verstecken. Ein Mensch wie Sie, der erst seinen armen Kameraden durch Leichtsinn und Angeberei die Flugzeuge zu Schrott fliegt und dann nicht einmal bezahlt, der hat hier nichts zu suchen. Solche Menschen wie Sie sind charakterlich zur Ausübung der Tätigkeit eines Segelfluglehrers im Deutschen Aero-Club nicht geeignet. Auf Wiedersehen, das Gespräch ist beendet. Ich versuche zu widersprechen, zu erklären. Aber die sehen mich gar nicht mehr, werfen mich einfach raus, ohne mich anzuhören. Wie in Trance fahre ich nach Hause, bin deprimiert wie nie vorher in meinem Leben. Nicht einmal verteidigen durfte ich mich, keine Chance, etwas dazu zu sagen, wie Luft war ich für die. Drei Monate gehe ich zu keinem Flugplatz, will kein Flugzeug mehr sehen, will überhaupt nicht mehr fliegen.

Zwei Gerichtstermine enden ergebnislos, die 30 000 DM verfolgen mich in meinen Alpträumen. Ehemalige Freunde schicken mir Briefe. Deutlich geben sie ihrer Meinung zu Menschen wie mich Ausdruck.

Von Freunden, einige habe ich noch, höre ich, wie man mit Bildern meines Unfalles hausieren geht und jedem, der es hören oder nicht hören will erzählt, der arme Victor hätte jetzt kein Flugzeug mehr und ich stelle mich stur. Ich rufe ihn an und bitte, doch erst mal das Gerichtsverfahren abzuwarten — höhnisches Lachen ist die Antwort.

Im aerokurier finde ich mich wieder, das Bild der zerstörten B 4 und höhnische Kommentare zu Flugstil und Charakter.

Mein Protest verhallt ungehört. Wenig später frage ich bei der Versicherung nach, ob denn der Haftpflicht-schaden des Autos bezahlt worden ist. Ja, sagt der Herr Müller, ist alles bezahlt, der Flugzeugschaden ist auch abgerechnet. Nein, erkläre ich ihm, das muß ein ande-

rer Schaden gewesen sein, weil unser Flugzeug nicht kaskoversichert war. Wieso, sagt Herr Müller, die B 4 war kaskoversichert. Die HB-1127? Ja, selbstverständlich. Vor meinen Augen verschwimmt alles, ich lege den Hörer auf. Rufe wieder an und frage noch einmal. Ja, warum fragen Sie denn, werde ich gefragt. Das kann nicht angehen, antworte ich, Victor klagt doch gegen mich, weil der Flieger nicht versichert war. Nun ist das Erstaunen auf der anderen Seite. Das gibt's doch nicht. Das Flugzeug war versichert, die Versicherung hat gezahlt — und ich soll auch zahlen? Ich bin fassungslos.

Sollte es möglich sein, daß Victor, der nette Kerl, mich betrügen will? Einen Tag später hat Herr Müller mir Kopien aller Abrechnungen geschickt.

Da steht es schwarz auf weiß — die Versicherung hat das Flugzeug bis auf die Selbstbeteiligung bezahlt! Und mich machen sie fertig, weil ich nicht freiwillig und nochmal bezahlt habe. Ich brauche einige Zeit, um das zu verarbeiten. Dann rufe ich den Anwalt an und erzähle.

Der will es nicht glauben. Was ich denn nun tun wolle, fragt er. Ich weiß es nicht, spreche mit Freunden und den Leuten beim aerokurier.

Wir kommen überein, Victor eine Chance zu geben und ihm vor dem nächsten Termin zu sagen, was wir wissen. Heute ärgere ich mich über meine Sentimentalität, damals dachte ich, er hat soviel für die Kunstfliegerei getan, steckt in finanziellen Schwierigkeiten — also zeige Größe und gebe ihm die Chance, die sie dir nicht gegeben haben. Einzige Bedingung: Öffentlich die Sache wieder geradebiegen, ohne alle Einzelheiten, ohne das Gesicht zu verlieren.

So nimmt mein Anwalt den Victor vor dem Termin zur Seite und legt die Karten auf den Tisch.

Für alle Fälle haben wir Herrn Müller von der Versicherung mitgebracht. Das Unerwartete passiert — Victor behauptet, das würde alles nicht stimmen. Provisionszahlungen wären das. Ich fasse es nicht, das gibt's doch nicht! Also gehen wir in den Saal. Der Richter, der den wahren Sachverhalt kennt, kommt sofort zur Sache. Victor bleibt dabei, er hat kein Geld bekommen. Herr Müller wird aufgerufen und legt Originalbelege vor. Es hilft nicht, Victor bleibt dabei. Der Richter schlägt die Akte zu und deutet aus dem Fenster. Das da drüben, sagt er, das ist das Strafjustizgebäude. Und dahin geht die Akte jetzt. Und das tat sie auch. Für Victor endete die Sache böse. Und ich warte heute noch auf die Entschuldigungen.

Verlorener Condor

Ein schöner Sommertag. Nur Thermik ist so recht nicht. Ich habe unseren „Condor IV" mit nach Schneverdingen genommen. Ist immer so erfrischend hier, 'n Haufen netter Leute, die sich nicht so schrecklich ernst nehmen. So gammeln wir um den Platz herum, das bißchen Thermik ausnutzen, dafür ist der Condor immer gut. Ein wunderbares Flugzeug. Baujahr 1954, gut in Schuß, steigt in jedem Bart, wenn andere sehnsüchtig in den Himmel starren. Mit der herrlich altmodischen Seitenwandkupplung.
Ein Genuß, das Flugzeug. Aber heut' ist wirklich kaum Thermik, nicht einmal für unseren Oldtimer. So lungern wir am Start herum und reden dummes Zeug.
Ich hab 'ne Idee. Wir lassen uns bis Fischbek schleppen, klinken aus, wo uns keiner sieht, und landen dann da. Und fragen die, warum sie denn nicht überlandfliegen, wir kämen mit dem alten Bock ganz aus Schneverdingen, und ihr fliegt nur Platzrunden.
Au ja, tolle Idee. Die Freunde aus Faßberg schicken die Do 27, ich packe einen Schüler aus Schneverdingen auf den zweiten Sitz, das Gabelseil wird eingeklinkt.
Spielerisch beginnen die 500 kg Condor zu fliegen. In 200 m Höhe fliegen wir über Wiesen und Felder, immer schön hinter der Do her. Mein Schüler schwätzt wie ein Wörterbuch, da ist die Eisenbahn, da die Landstraße, guck mal, da vorn kommt die Autobahn — ist ja kaum auszuhalten, wenn einer soviel redet.

Aber sein Herz ist voll, schließlich ist es Dieters erster Überlandflug — wenn auch nur im Schlepp. Ging's mir damals anders? Bestimmt habe ich meine Umwelt auch genervt. In 15 Minuten sind wir da — das gibt einen Spaß, wenn wir denen später die Wahrheit erzählen...
Guck, auf einmal ist doch noch Thermik — mitten über dem großen Wald. Abendthermik, denke ich mir.
Das Seil hängt etwas durch, ich warte auf den Ruck. Aber da ruckt nichts. War das Seil so lang? Ich denk', ich werd' wahnsinnig — da fliegt die Do mit unserem Seil weg — ganz alleine, ohne uns. Ich brülle ihr hinterher — ihr Idioten, laßt mich nicht alleine. Nicht hier, 150 m hoch über dem Riesenwald!
Nur — die können mich nicht hören. Funk haben wir nämlich nicht. Wieso fliegen die ohne uns weg, sehen sich nicht mal um? Warum ist das Seil ausgeklinkt? Des Dieters Reden ist schlagartig verstummt.
Und nun, fragt er. Wüßt' ich auch gern. Umdrehen! Da war doch grad etwas Thermik!
Thermik? Mir beginnt's zu dämmern. Darum haben die bei der LO 100 das Gabelseil immer mit einem kleinen Band über der Nase zusammengebunden. Weil das Seil sonst aus der Kupplung fällt, wenn es durchhängt.
Späte Erkenntnis und wenig nützlich im Augenblick.
Bart, wo bist du, ich brauche dich. Oder willst du, daß unser schönes Flugzeug in einer Baumkrone verendet? Komm, bitte komm. Da, es lupft. Kaum, daß das Vario reagiert. Aber der Hintern, das Feinvario, bemerkt es.
Halten, 0 m/s Steigen, dann 10 cm — mit einem Flügel drin, mit dem anderen draußen. Scheißidee, Fischbeker ärgern. Wer hier wohl wen ärgert.
Mein Gast ist wie nicht mehr vorhanden, Totenstille auf dem zweiten Sitz.
Wie sauber ich auf einmal fliegen kann — schön langsam, der Faden in der Mitte, eine Hand im Mund, die andere am Knüppel — warum hab' ich bloß immer so dämliche Ideen.
Wohl 30 Minuten dauert es, dann langt die Höhe, um aus dem Waldgebiet zu fliegen. Weiter vorn, Richtung Fischbek, an der Bremer Autobahn, da ist eine Kiesgrube, unser Bart vom Dienst ist da, den kenn' ich beim Vornamen.
Ich lasse die 10 cm Steigen stehen, da vorn ist ja schon die Kiesgrube. Der Bart vom Dienst ist auf Sonntagsausflug. Nichts rührt sich, Totenstille. Oh verdammt — der nächste Acker ist meiner. Ich kurve ein — Endteil. Und Steigen. Ich mag keine Bodenakrobatik! Trotzdem — direkt vor dem Landefeld — ich kurve ein. Zentimeter um Zentimeter quält sich der Condor hoch. Ich nage noch den letzten Fingernagel ab. Das nervt, in 100 m Höhe mit Zentimetern Steigen kämpfen, langsam fliegen müssen, die Haube beschlägt — aber es geht: langsam, ganz langsam geht es aufwärts.

Zentimeter um Zentimeter trotze ich dem Bärtchen Energie und Höhe ab. 500 m – noch 300, das würde bis Fischbek langen. Dann ist Schluß, nichts geht mehr. Vorwärts, Richtung Flugplatz. Der Anhänger steht in Faßberg, kein Mensch weiß, wo wir sind – das kann eine lange Nacht bei den Kühen werden. Nicht mal 'n Acker mit Kneipe zu finden – saublöde Idee, sich nach Fischbek schleppen zu lassen. Und dann noch das Schleppflugzeug zu verlieren.

Ich schimpfe mit mir, bin mir ernsthaft böse. Dann lupft es wieder, Meter um Meter gewinnen wir Höhe – zwei Stunden kämpfe ich jetzt schon. Habe Durst und Hunger, es ist kalt, und ich muß mal. Dann habe ich die Höhe – sagt mein Endanflugrechner. Sollfahrtgeber auf 0 m/s Steigen, immer schön vorsichtig – ich schleiche mich nach Fischbek. 2½ Stunden für 30 km – wahrlich nicht zu schnell. Aber angekommen. Etwas slippen – die Klappen sind nicht so gut,

Keine Thermik?

aufrichten. Der Condor IV setzt sich sanft auf die Bahn. Wo kommt ihr denn her, fragen die Fischbeker. Aus Schnerverdingen. Aber, heut' ist doch gar keine Thermik?

Na, ein bißchen schon, seht ihr ja. So richtig mag ich sie nicht auf den Arm nehmen, ich bin erschöpft. Wie lang doch 30 km sein können, was da alles zwischenliegt . . .

Wir räumen den Condor ein, der Kranichhorst öffnet seine Pforten. Und da sind wir dann wieder die größten Piloten der Welt. Da biegen sich die Balken ob unserer Heldentaten, man überbietet sich gegenseitig.

Und der Sliwovitz lockert die Zunge. Ich erzähle, daß wir sie anschmieren wollten — und dabei die Schleppmaschine verloren haben. Man muß auch mal verlieren können, nicht? Das Gelächter meiner Freunde in Fischbek schallt durch den Wald. Wieder und wieder erzähle ich, wie das Seil länger und länger wird — meine Augen auch — sie können sich in meine Lage versetzen, 200 m über dem großen Wald, keine Thermik. Recht ist mir geschehen. Das Telefon klingelt. Der Pilot der Do 27. „Habt ihr irgendwo einen Condor IV gefunden? Ich glaub', wir haben einen verloren. Wo? Wissen wir auch nicht, auf einmal war er weg".

— Stimmt genau, auf einmal war er weg...

Nachtfalter auf Norderney

Es ist Anfang Mai. Der B-Falke ist frei. Und Gisela auch. Beides zusammen ist eine seltene Kombination. Weil der B-Falke nämlich meinem Fischbeker Verein gehört und Gisela auch wenig Zeit hat.

Der B-Falke ist ein Jahr alt und wird gehütet wie ein Augapfel. Gisela ist 25, blond, langhaarig und handlich. Die Vergangenheit hat gezeigt, daß man mit ihr Pferde stehlen kann und sowas alles. Sie fliegt gern mit mir, ist nebenbei trinkfest und bewundert mich gelegentlich. Alles in allem eine gute Konstellation für ein vielversprechendes Wochenende. Natürlich treffen wir uns nicht in Fischbek. Weil da eh schon genug geschwätzt wird, steigt Gisela in Fuhlsbüttel zu. Wir wollen nach Juist, gut essen, gut trinken und so und am morgen zurück nach Fischbek, der Flieger muß um 10 Uhr wieder am Platz sein. Das Wetter ist gut, wir beide guter Dinge ob des vor uns liegenden, wenn auch kurzen Wochenendes. Der Falke gibt, was er kann, mit 140 km/h fliegt die Landschaft unter uns vorbei. Irgendwo kurz vor Wilhelmshafen kurven wir um den ersten Schauer herum. Nach zehn Minuten steht der zweite im Weg. Wettervorhersage normal, das heißt verkehrt. Natürlich sind das auch keine gewöhnlichen Schauer — wir haben das seltene Glück, im Mai Schneeschauer zu treffen. Und da man mit einem Falken nun einmal die verlorene Zeit nicht wieder aufholen kann, rückt Juist in immer weitere Fernen. Sehen können wir die Insel schon — nur sieht es da auch nach Schnee aus. Der Sonnenuntergang nimmt keine Rücksicht und naht unerbittlich. Also vergessen wir Juist, weil Norderney direkt vor uns liegt. Wie es so kommt, wenn es kommt, hat das Funkgerät natürlich die Frequenz von Norderney nicht.

Schöner Abend = böser Morgen

Der Platz sieht ziemlich tot aus, nach dem Signalfeld ist er jedoch noch geöffnet. Aber weiß man's? Besser wir landen als Segelflugzeug. Die Ahnung trog nicht – außer uns laufen nur noch ein paar Hasen über den Platz. Wir binden den Flieger fest und suchen nach Menschen.

Die einzigen menschlichen Geräusche kommen aus der Küche, in der es verführerisch nach Sonntagskuchen duftet.

Wie wir denn ins Dorf kommen, frage ich. Die Straße runter, etwa 30 Minuten, dann nach links, lautet die wenig ermutigende Auskunft. Sieht so aus, als würden wir etwas schneller trinken müssen. Dann bleibt uns der längere Fußmarsch erspart, eines der Pferdefuhrwerke nimmt uns gnädig auf. Wir suchen und finden ein Zimmer mit Bar ganz in der Nähe und gehen zur Tagesordnung über. Schließlich haben wir uns eine Weile nicht gesehen und entsprechend viel zu erzählen. Der Bourbon wird weniger, die Gespräche philosophisch – dann ist es endlich spät genug, um uns am nächsten Morgen noch müde aussehen zu lassen. Und dieser Morgen ist aus zwei Gründen nicht so schön.

Erstens, weil der Abend so schön war und zweitens, weil es regnet. Drittens, weil wir nach Hause müssen und viertens, weil noch kein Bus fährt und Taxen erst recht nicht. Also doch laufen? Für den Kopf sicher nicht schlecht, aber für die Füße .... Da kommt uns einer entgegen, schiebt zwei Fahrräder neben sich her.

Wie man denn zum Flugplatz kommt, frage ich. Na, mit dem Fahrrad, sagt er, er ist nämlich der Fahrradvermieter der Insel. 10,– DM wechseln den Besitzer, die Fahrräder sollen wir nur am Flugplatz stehen lassen, und die Welt sieht, trotz Nieselregens, etwas freundlicher aus.

So stehen wir kurz vor acht am Platz – und stutzen. Vor den Tragflächen des Falken stehen zwei Autos. Und dahinter auch. Gisela, sag ich, hier stimmt was nicht. Da hat sich doch einer viel Mühe gemacht, den Flieger unbewegsam zu machen. Den tieferen Sinn dieser Aktion kann ich trotz angestrengtem Nachdenken nicht erkennen. Der Tower ist noch nicht besetzt. Sollte er aber sein, nun ist es acht. Also klingeln wir den Herrn Richter aus der Wohnung. Es erscheint Frau Richter im Bademantel — verschlafen und verfeiert sieht sie aus, die Gute. Ich sage meinen Vers auf. Als Frau Richter hört, daß ich der Pilot des Falken bin, zieht sie sich mit allen Anzeichen des Entsetzens zurück, die Tür sorgfältig schließend, etwas wie „mein Mann kommt gleich und nicht weggehen" murmelnd.

Dann kommt Herr Richter, Flugleiter seines Zeichens. So um die 50, wenig Haare und so eine halbe Brille auf der Nase. Ihm geht's nicht gut, muß viel Durst gehabt haben in der Nacht. Gehn Sie mal auf den Tower, ich komm' gleich, brummt er.

Gisela, sag ich, hier ist was oberfaul. Aber was? Ich hab nicht die Spur einer Ahnung, mein Gewissen rührt sich nicht. Was die wohl wollen? Wir schmoren im Tower auf kleiner Flamme vor uns her. Dann erscheint Herr Richter, sieht uns prüfend über seine halbe Brille an und beantwortet keine Fragen.

An sich müßten wir schon lange unterwegs sein, schließlich muß der Flieger pünktlich zurück. Dann kommen zwei Herren in dezent blauen Anzügen die Treppe herauf und legen uns zwei Hundemarken vor. Kriminalpolizei Aurich.

Gisela macht Kulleraugen. Wann sind Sie gestern hier gelandet, kommt die erste Frage. Kurz vor Sonnenuntergang, sag ich. Ob ich da sicher wäre. Klar, bin ich, war ja schließlich dabei. Sie ermahnen mich zur Wahrheit und wiederholen die dumme Frage.

Ostfriesen . . .

Die Antwort bleibt gleich. Nun wollen sie Ausweise, Papiere für Flugzeug und Menschen sehen. Gisela bestätigt ihre gute Allgemeinverwendungsfähigkeit und zeigt listig ihren Dienstausweis vom Hamburger Untersuchungsgefängnis. Das macht deutlich mehr Eindruck bei den blauen Anzügen als meine Lizenz. Der eine von den beiden blickt mich nun ernst an und sagt:

„Soll ich Ihnen mal sagen, wann Sie hier gelandet sind?" Was fragt der eigentlich erst so doof, wenn er es ja doch weiß? „Sie sind um 24 Uhr 15 in der Nacht hier gelandet!" Nun guck' ich aber. Die spinnen, die Auricher, denk ich mir. Wie kommen die den darauf? Und ich sag' auch recht deutlich, was ich davon halte.

Kein Licht im und am Flugzeug, kein Licht auf Bahn und Flugplatz — was das wohl soll. Jedenfalls ist es nun raus, und ich kann böse werden.

Für solch albernen Kram hab ich keine Zeit, nehmen Sie Ihre Autos weg, ich muß nach Haus', schimpfe ich. Flugleiter und Kripo geben sich unbeeindruckt.

Wie kommen Sie denn auf solchen Blödsinn, frag' ich. Also, sagt Flugleiter Richter, die Stirn in Falten geworfen und mich über den Rand der halben Brille eindringlich ansehend. Also, sagt er, als meine Frau und ich heute Nacht von der Feier kommen (das mit der Feier ist deutlich zu sehen) ruft die Bundeswehr an und sagt, da wäre grad ein Flugzeug gelandet. Er sagt, kann gar nicht angehen. Aber die Bundeswehr besteht darauf. Also geht er raus — und sieht den Falken, wittert Unrat und blockiert den Flieger, damit der nicht heimlich, still und leise wieder verschwindet. Kann auf der einen Seite nicht verstehen, wie so ein Gerät im Schutze der Nacht Norderney findet, hat aber auf der anderen Seite auch schon einiges mit den Fliegern erlebt.

Ja, und dann steht dieser Wahnsinnige mitten in der Nacht vor der Tür. Gisela macht, so daß es keiner außer mir sieht, die typische Handbewegung mit dem Zeigefinger Richtung Stirn. Da helfen Engelszungen-Reden nicht, keiner glaubt mir. Mitternacht! Wenn die wüßten, was wir da gemacht haben, fliegen bestimmt nicht.

Die Köchin, sagt Gisela. Wieso Köchin, alle reden Quatsch heute. Die Köchin! Sie hat uns doch ankommen sehen! Die Herren Kripo werden tätig und ermitteln. Das heißt, sie klingeln den Wirt aus dem Bett und fragen, wer denn gestern noch spät Kuchen gebacken hat. Den Wirt haut's aus dem Bett. Hätte es mich auch, wenn mich sonntags morgens jemand anrufen würde und sagt „Kriminalpolizei Aurich, wer hat gestern spät bei Ihnen Kuchen gebacken?"

Natürlich versteht der Gute überhaupt nichts, sagt aber Namen und Telefonnummer. Also wird die Köchin zu Tode erschreckt. „Kriminalpolizei Aurich, haben Sie gestern abend Kuchen gebacken?"

Antwort, erschüttert und erschrocken, ja. „Haben Sie dabei eine männliche Person in Begleitung einer weiblichen Person gesehen?" Nein, sagt die Gute. Danke, sagt der Kripomann. Und nun ist er richtig böse, macht Drohgebärden und mahnt letztmalig zur Wahrheit, andererseits wir die volle Wucht des Gesetzes zu spüren bekommen.

Mir fällt inzwischen gar nichts mehr ein, nicht mal die Wahrheit. Ich lasse mir die Telefonnummer der Kuchenbäckerin geben — widerwillig bekomme ich sie. Und red' mit dem Mädchen vernünftig.

Ach, Sie sind das, na klar habe ich Sie gesehen, Sie sind doch noch gelandet. Jetzt macht der Mann aus Aurich große Augen. Und bringt die Krönung des Tages. Dann sind Sie also wieder weggeflogen und Mitternacht wiedergekommen, meint er. — Ein echter Kriminalist, befördern sollte man den Menschen. Oder ob die Ostfriesen ihn gerade nach Aurich „befördert" haben?

Nun kommt Hilfe — Herr Richter greift ein und meint, das wäre ja nun alles recht unwahrscheinlich. Und ich frage die Herren, was sie denn davon hielten, mal nachzufragen, ob nicht in der Gegend ein Flugzeug vermißt wird, vielleicht ist da ganz in der Nähe einer ins Wasser gefallen und keiner sucht ihn?

Das bringt aber nun Leben in die Bude. Und für uns den Erfolg, abfliegen zu dürfen. Aber

Mißtrauen bleibt — Adressen und Telefonnummern werden in kleinen Kriminalpolizeinotizbüchern verewigt, vier Autos weggefahren, das heißt, an sich nur drei, weil eines nicht anspringt und somit von Hand bewegt werden muß. Es ist bereits 10 Uhr, ich rufe die Fischbeker an und teile kurz und bündig mit, man hätte uns vorübergehend festgenommen, und wir würden jetzt gleich kommen.

Der Flug ist ereignislos und kurzweilig, weil genug Gesprächsstoff vorhanden. Die Zeit reicht nicht für den Stopp in Fuhlsbüttel, Gisela und ich steigen in Fischbek aus. Und die Blicke — Polizei, und wo die Blonde wohl herkommt, schlimm, schlimm. — Wie ich dann die Geschichte erzähle und schallendes Lachen erwarte, ist dem nicht so. Meinen doch einige, es könnte ja doch angehen. Weil es zu der Zeit noch suspekt war, mit Motorseglern nach Fuhlsbüttel zu fliegen, könnte es ja sein, daß doch — weiß man's? Und das Mädchen — also aussehen tut sie ja gut. Aber wer weiß, was das für eine ist.... Jedenfalls hat Fischbek Gesprächsstoff für die nächsten Wochen.

Gleich am Montag rufe ich die Bundeswehr in Aurich an und finde tatsächlich den, der mit Herrn Richter gesprochen hat. Und der erzählt, daß in der Nacht ein „UFO", also ein unidentifiziertes Flugobjekt, über die Radarstation geflogen ist. Als die Kameraden den Flieger richtig im Visier hatten, verschwand der in, auf oder hinter Norderney. Und dann haben sie dort angerufen und gefragt, ob da ein Flugzeug gelandet sei. Als dann nach Zögern die Bestätigung kam, war die Sache erledigt. Jedenfalls für die Vaterlandsverteidiger. Und den Schwarzen Peter hatte ich. Wie ich dem Herrn dann sage, daß wir das gar nicht waren, stutzt er. Dann waren also die Kameraden von der anderen Feldpostnummer mal wieder da, gucken, ob wir wach sind, erzählt er mir. Das machen die öfter, das kennt er schon.

Ist ja toll, was es alles gibt.... Zwei Tage später, in der Firma. Unsere Telefonistin, eine reizende alte Dame, holt mich dezent ans Telefon. Kriminalpolizei Aurich für Sie, sagt sie und sieht mich pikiert an.

Der freundliche Herr im blauen Anzug erschreckt schon wieder alte Damen. „Haben Sie Licht an Ihrem Flugzeug?" — „Nein, hab' ich Ihnen doch schon gesagt" — „Dann waren Sie das nicht; das Flugzeug, das da flog, hatte nämlich Licht".

Dem Ostfriesen war also endlich ein Licht aufgegangen, wenn auch nur das Licht eines Flugzeuges. Aber er hätte da noch eine Frage. Da stünden nämlich seit ein paar Tagen zwei Fahrräder vor dem Flugplatz, keiner weiß, wem die gehören. Also erzähle ich, daß wir die gemietet haben. Gemietet, fragt er, wieder einmal mit allen Anzeichen des Erstaunens. Es gibt keine Fahrradvermietung auf Norderney. „Der hat die Fahrräder geklaut und Ihnen angedreht, also sowas..." Also, Sachen gibt's — nun haben wir den Kriminalfall! Ob er ihn wohl aufklären wird?

Trio Infernal

Die Messe ist zu Ende, die nicht zu Tötenden treffen sich in der Disco. Weil sie so kaputt sind, den ganzen Tag dumme Fragen beantworten und so. Die Disco hat den Vorteil unmenschlicher Lärmentwicklung. Da kann man sich nicht mehr unterhalten. Ich sehe mich um, die ganze Truppe medizinischer Wunder ist versammelt. Wolfgang Dörner, „Biggo" Berger, Dieter Fürst, der „Schnauz" — alle opfern ihre Leber für ihre Firma. Was man nicht alles tun muß, um die Flugzeugindustrie in neue Höhen schweben zu lassen. Ein Neuzugang ist zu verzeichnen — Norbert Seuss, neues Mitglied der aerokurier- Redaktion, hat seinen Antrittsbesuch bei uns gemacht.

Artig mit Visitenkärtchen und Diener hat er sich vor die Wölfe geworfen. Klar gibt es zur Begrüßung einen kleinen Schluck. Überall. Der Norbert ist leicht angeschlagen — aber er steht seinen Mann. Den kriegen wir noch hin, das braucht nur ein bißchen Zeit. Wie ich mich so umsehe, sitzt da im Halbdunkel der Guido Achtleitner. Große Freude, ich setze mich dazu. Da quatscht mich einer von der Seite an.

So ein Geschniegelter, glatt gekämmte Haare, um die 40. Und arrogant ist der, das gibt's doch nicht. Wieso ich mich einfach an den Tisch setze, ohne ihn zu fragen, quakt der mich an.

Ignorieren, einfach nicht hinhören, denk' ich. Die Unterhaltung geht weiter, mal Sie, mal Du, wie das so ist bei „Fliegers".

Der Geschniegelte öffnet seinen Mund. Wenn Sie sich nicht benehmen können, junger Mann, dann verschwinden Sie hier. Sie können den Mann doch nicht einfach duzen, wenn ich vorstellen darf, das ist Wolfgang Weinreich, DC-10-Trainingskapitän bei Lufthansa, und ich bin Ruppi Meier, ebenfalls Flugkapitän, bei Condor. Und Herr Friedel Anschau sitzt Ihnen gegenüber.

Also bitte etwas Respekt. So ein selten dämlicher Mensch, denk' ich mir und antworte, mein Name wäre Schultz, RF5-Kapitän und Eigner. — Und warum er denn bei Condor fliegt, wollten die Sie bei Lufthansa etwa nicht haben? So Typen müssen doch gleich Feuer kriegen, und zwar reichlich.

Als ich noch überlege, dem die Karte von meinem Zahnarzt zu geben und einen körperlichen Verweis auszusprechen, sehe ich, daß dem Mann die Tränen kommen. Hab' ich ihn zu hart getroffen, ob das mit der Condor sein empfindlicher Punkt war? Da bricht der ganze Tisch lachend zusammen – sie schlagen sich auf die Schenkel und mir auf die Schulter – ich begreif' gar nichts mehr.

Der Typ wollt' mich auf den Arm nehmen? Na, das hätt' ja fast geklappt.

Nach einer Weile hat man sich beruhigt – die Herren Kapitäne sind Segelflieger, der Friedel Anschau baut Spitzen-Segelflugzeuganhänger. Ruppi und Wolfgang mimen Hilfsarbeiter auf Friedels Stand und verarschen Leute, so wie mich. Nette Kerle, alle drei.

Und so nimmt das Unglück seinen Lauf. Die drei wollen der Gisela Weinreich, Wolfgangs Frau, eins auswischen. Und weil ich auf den Ruppi nicht reingefallen bin, engagieren sie mich. Übermorgen, um 18 Uhr, werden sie sich von Friedels Stand verdrücken.

Und dann komme ich und kaufe bei der Gisela einen Anhänger. So einen, den man gar nicht bauen kann.

Und die Gisela soll ganz ehrgeizig sein, bestimmt fällt ihr was ein.

Das Bier strömt, die Phantasie schwingt sich zu ungeahnten Höhenflügen – besiegelt und beschlossen, das läuft.

Bevor die Gisela verarztet wird, werden die ausgestellten Motorsegler bewaffnet.

Was man nicht alles für Ideen hat, nachts um 12 Uhr. Wir treffen uns um 18 Uhr beim „Wanderzirkus" der Luftwaffe, ich greif' mir den Chef, einen Major. Netter Kerl, hat schon viel Schnaps getrunken. Naja, ist ja auch ein langer Tag.

Also, Herr Major, wir möchten uns die Bewaffnung des Starfighters ausleihen, wenn's recht ist. Der Mann ist auf der Stelle stocknüchtern.

Aber doch nur so zum Scherz, Herr Major, wir tragen die Dinger nur unter die Motorsegler, ganz leise. Scheint, der Herr Major hat ein Herz für Partisanen – um 19 Uhr ist eine kleine, aber schlagkräftige Truppe zur Stelle.

Leise, wie die Indianer auf dem Kriegspfad, wuchten wir Bomben, Maschinengewehre und Raketen eine Halle weiter, zu der Valentin Taifun.

Bevor Bernd Valentin sich's versieht, steht da ein Motorsegler im Kriegsschmuck. Richtig gefährlich sieht das weiße Gerät mit den langen Schwingen aus – das Kampfflugzeug der 90er Jahre für minderbemittelte Generalitäten ist geboren.

Bernd staunt einen Moment, dann lacht er sich kaputt und spielt mit – setzt sich das Bundeswehr-Käppi auf, die Fliegerbrille dazu auf die Nase – fertig ist der Revoluzzer. Und Menschen sind auf einmal da – wohl die halbe Ausstellung (RMF '81) hält sich den Bauch vor Lachen.

Sieht auch wirklich witzig aus, die Taifun mit Kanone. Und dann eskaliert sich das Spiel. Also gut, Leute genug sind da, die große Tür zur nächsten Halle wird aufgeschlossen, acht Mann, vier Ecken für das schwere Gerät. Absolut lautlos und in fünf Minuten ist die Aktion abgeschlossen. Einer hat etwas Lärm gemacht, ihm ist eine „Rakete" auf den Fuß gefallen. Opfer müssen gebracht werden. Und dann steht das ganze Zeugs unter der G 109 am Stand des Grob-Flugzeugbau. Inzwischen sind wohl 150 Menschen dabei, brüllen vor Lachen.

Bei Grob hat keiner was gemerkt. Im Chalet tobt eine Party. Dann lugt Burkhart Grobs Kopf durch den Vorhang, verschwindet, guckt wieder heraus, reibt sich die Augen – und dann kommt die ganze Meute aus dem Chalet.

Hänger Spezial

Der Gag ist gelungen – ganz nebenbei schieße ich noch ein historisches Foto. Alle Motorseglerhersteller auf einem Bild – und alle lachen.
Zumindest zeigen sie die Zähne.
Ich deute das als Lachen. Die Einladung nehmen wir an, das Chalet platzt bald aus den Nähten. Nach einer Stunde haben wir die Firma trocken getrunken.
Das spricht nicht gegen die Gastfreundschaft genannter Firma, sondern für die Trinkerqualitäten der am Anfang genannten Truppe.

Wolfgang Dörner verschwindet in seinem Stand und rollt frisches Bier an – der Abend ist gerettet. Und dann ist Gisela dran. Ich habe meinen feinen Anzug an, Friedel, Ruppi und Wolfgang verdrücken sich in sicherer Entfernung hinter einem soliden Pfeiler. Ich stehe unschlüssig zwischen den Anhängern herum – Gisela naht.
Hübsch anzusehen, so um die 35 vielleicht, große Segelfliegerin – und nicht dumm, die drei haben mich gewarnt.
Kann ich Ihnen helfen, fragt sie höflich. Und ich schimpfe. „Seit zwei Tagen versuche ich in diesem Saftladen einen Anhänger zu kaufen, komme extra aus Hamburg. Und die Typen hier sind immer besoffen oder treiben sich mit Weibern rum. Bestimmt taugen die Hänger auch nichts." „Also, das kann ich mir gar nicht vorstellen", meint die Gisela. Doch, sag' ich, am schlimmsten sind diese Hilfsarbeiter, die hier immer rumlungern. Und immer betrunken. Was ich denn möchte, fragt Frau Weinreich.
„Einen Anhänger natürlich, für meine RF5. Das ist ein Motorsegler."
Vielleicht sollte ich erwähnen, daß die RF5 eine einteilige Tragfläche hat und nie und nimmer in einen Trailer paßt. Klar weiß die Gisela das nicht. Und ich sag's ihr auch nicht.
Ja, meint sie, der Herr Anschau ist recht geschickt, bestimmt kann er so etwas bauen.
„Aber mein Anhänger muß vorne zu öffnen sein, damit ich den Motor im Winter mal laufen lassen kann."
Hm, ja, da müßten Sie den Herrn Anschau doch mal fragen.
Das Mädchen sucht die ganze Halle ab – Friedel, Wolfgang und Ruppi bleiben hinter dem Pfeiler. Und auf den umstehenden Ständen fließen Lachtränen, alle wissen Bescheid. Gisela kommt wieder, hat natürlich keinen gefunden. Wie sollt' sie auch. Also, nach vorn sollt' der Anhänger zu öffnen sein, hm, gucken Sie doch mal hier, das ist auch ein Anhänger für einen Motorsegler.
„Machen Sie den bitte mal auf", frage ich. Sie versucht es – der Hänger ist abgeschlossen.
Sag' ich ja, sag' ich, ein Saftladen, nichts geht.
Sie öffnet einen anderen Hänger, ich versuche ihn zuzumachen. Ich weiß, daß das ganz leicht geht – aber ich weiß auch, wie es gar nicht geht. Reiße an dem Gerät wie ein Verrückter, nichts passiert.
Auf Giselas Stirn taucht die erste steile Falte auf – Gefahr im Verzug.
Die Dame hat sich in der Gewalt, muß man sagen. Sie bleibt freundlich.
Dieter Fürst taucht auf und stellt dumme Fragen. Ich antworte, der Dieter läuft prustend weg – was hat er denn, fragt Gisela. Ich hab mir schon die halbe Zunge abgebissen, so hoch im Bauch sitzt das Lachen schon.
Also gut, sagt Gisela, sicher macht Herr Anschau das. „Ja, und dann habe ich mir gedacht – weil ich ja in Lübeck fliege und da viele Seen sind – also, ich denke, man sollte Kufen unter den Anhänger machen."
Gisela legt den Kopf auf die Seite, hinter der schönen Stirn fängt es an zu arbeiten. Wofür das denn, das fragt sie leicht erstaunt. „Ja, also, wenn ich den Anhänger aufmach', könnte man auf dem zugefrorenen See doch Schlittenfahren. Man muß die Kufen nur steuerbar machen, der Motor ist ja im Flugzeug, finden Sie nicht, daß das eine gute Idee ist" – ich lächle sie unschuldig an.
Was die Frau Weinreich da gedacht hat, das hätte mich schon interessiert. Den Kopf hält sie noch ein bißchen schräger, steile Falten auf der Stirn, der Mund etwas offen – doch sie

bleibt höflich, entfernt sich rückwärtsgehend und murmelt etwas von ...die Herren suchen – oder so.

Die Herren lassen sich finden, von weitem sehe ich Gisela gestikulierend zwischen ihnen, sie bekommen sicher einiges erzählt.

Die drei stehen vor mir, Gisela macht bekannt.

Wie große Jungens stehen sie da, die Hände artig gefaltet, als wenn sie kein Wässerchen trüben könnten, todernst im Gesicht. Ich fange schrecklich unflätig an zu schimpfen, reiße dem Wolfgang das Hemd auf, stecke einen zerknüllten Prospekt hinein und murmele etwas von Saftladen und woanders kaufen.

Das ist aber schade, meint Gisela. Und merkt immer noch nicht, daß die Belegschaft der anderen Stände brüllend auf dem Teppich liegt. Beim Abendessen sitze ich einen Tisch weiter, sorgfältig geplant. Ruppi beschimpft mich sofort – ich ignoriere ihn und gehe zu Gisela.

„Sie haben mich so nett beraten, hier ist ein Scheck über 10 000,– DM, sorgen Sie doch bitte dafür, daß der Hänger gebaut wird." Gisela kriegt Kulleraugen, wackelt mit dem Kopf – und sieht die Herren, Triumph in den Augen, herausfordernd an – so, als wollt' sie sagen, seht mal, ich kann's doch, und ihr treibt euch immer rum, wenn Kunden kommen... Ruppi reißt ihr den Scheck aus der Hand, brüllt irgendwas... dieser Idiot, dieser... zerknüllt das Stück Papier, steckt es an und wirft es mir auf den Tisch.

Gisela ist fassungslos. „Bin ich hier im Kabarett, seid ihr denn alle verrückt geworden?" – das Mädchen ist echt verzweifelt. Sehen Sie, sag' ich, das sind Idioten, ihre sogenannten Freunde.

Frau Weinreich fällt nichts mehr ein, sie ist am Ende. Und Wolfgang Weinreich holt aus zum Paukenschlag. Stellt das Tonbandgerät, das ich die ganze Zeit in der Tasche hatte, auf den Tisch und läßt es abspielen. Fünf Sekunden sitzt Gisela da wie erstarrt. Als hätte sie der Donner getroffen starrt sie in die vor Lachen brüllende Runde. Dann begreift sie – und vergißt die langen Jahre der guten Erziehung, mein Gott, kann die schimpfen.

Saubande, gemeine, der Teufel soll euch holen, kleine Mädchen so auf die Schippe zu nehmen.

Und die Hexen (Segelfliegerinnen) – alle Hexen wird sie auf uns hetzen. Nie wieder werden wir eine ruhige Minute haben, tausend Jahre werden wir ihre Rache spüren. Wir können uns nicht mehr halten, die Tränen laufen uns die Backen runter. Kann das Mädchen schimpfen – und ich kriege den ganzen Segen ab.

Immer auf die Kleinen und so. Ich kaufe Sekt und klaue Blumen – nichts hilft. Kaufe noch mehr Sekt – das beginnt zu helfen. Nach einer Stunde und drei Flaschen lacht dann auch die Gisela. Das mit den Hexen will sie sich noch mal überlegen. Aber wehe, wenn sich sowas wiederholt, dann wird der Fluch uns treffen. Wie der Wolfgang mit der Gisela tanzt, sehe ich, wie die kleinen Fäuste auf seine Brust trommeln – der kriegt auch seinen Segen, und das nicht schlecht. Wolfgang, Ruppi und Friedel – wenn Du diesem Trio begegnen solltest, irgendwo auf der Welt – dann laufe, laufe, so schnell du kannst. Die sind gefährlich, jedenfalls zusammen.

Und nicht die Gisela ärgern. Das ist so'n nettes Mädchen. Aber, sag mal Gisela, was hast Du eigentlich angestellt, daß dieses Trio Infernal Rache genommen hat? Ich weiß es bis heute nicht. Würd' mich aber schon interessieren...

Osterflugch

Keiner fliegt die Taifun über Ostern, alle haben was anderes vor. Bernd, frage ich, warum fliegen wir nicht über Ostern nach Hamburg? Bernd Valentin überlegt einen Moment, sagt ja. Gründonnerstag nachmittag liegen die Koffer im Flieger – die Taifun 17 E kommt zu ihrem ersten richtigen Überlandflug.

30 Stunden hat der erste Prototyp, die D-KONO, bisher geflogen, außer einigen Problemen mit dem Auspuff hat sie sich anständig benommen. Schön sieht sie aus, die langen Tragflächen, das Einziehfahrwerk – Bernd und ich freuen uns.

Bernd wohl noch mehr als ich, ist doch die Taifun für ihn wahr gewordener Traum. Wir trinken noch einen Kaffee bei den Bahles, dann rollt die KONO auf dem gepflegten „Bahle Airport" Bad Wörrishofen an den Start, die 80 Pferde werfen sich in's Zeug – nach 300 m fliegt sie.

Ich fahre das Fahrwerk ein – nach wie vor ein Kraftakt, mit Geschicklichkeit gepaart. Also, Bernd, in der Serie wird das geändert, versprochen? Versprochen.

Herrliches Rückseitenwetter, viel Thermik – bei 200 km/h Reise wirft es uns ganz schön hin und her. Wir fliegen in 1000 m Höhe, das Außenthermometer zeigt einige Minusgrade an. Ich stelle die Heizung an.

Trotzdem – die Innentemperatur unterscheidet sich nicht wesentlich von der Kälte draußen.

Gut, Bernd, ich will nicht meckern, aber mit der Heizung sollte auch noch was passieren... Aber ich sag' lieber nichts. Als wir dann Frankfurt passiert haben, fängt der inzwischen blau angelaufene Vater der Taifun gotteslästerlich über die Heizung an zu fluchen, versucht sich, mit Gepäckstücken zuzudecken – und guckt mich mit großen Augen an.

Einer der Koffer muß gegen die Schiebehaube gedrückt haben, beim Schließen hat es sie aus der Führung gedrückt. Und nun ist sie auf der Seite offen. Bis auf die Tatsache, daß es nun jämmerlich zieht, macht das nichts. Und Bernds nur durch Blicke angedeutete Frage nach einer Zwischenlandung zwecks Haubenschließen wird negativ beantwortet – wir kommen sonst sicher nicht rechtzeitig an.

So schnattern wir gen Hamburg. Als dann noch der Wind dreht wird offensichtlich, daß wir zu Sunset Fuhlsbüttel nicht erreichen. Also fliegen wir nach Ganderkesee. Hotel, Küche und Bar habe ich in guter Erinnerung. Der unterkühlte Bernd ist dankbar – 30 Minuten später setzt sich der Vogel auf die Piste.

Und wir beide flitzen wie der Blitz in's Warme. Bernd murmelt „Tee mit Rum" und windet sich in die Heizung.

Wie Tiefkühlkost hängt der gute zwischen den Rippen. Wohl zehn Minuten dauert es, dann hört das klappern der Zähne auf. Aber er trinkt noch einen Tee. Und dann erst das erste Bier. Wer ihn kennt, weiß, daß es ihm ehrlich schlecht ging. Weil – sonst trinkt er nie zuerst Tee...

Am Morgen scheint immer noch die Sonne, 45 Minuten später sind wir in Fuhlsbüttel. Die Kameraden wissen natürlich, daß die Taifun am Platz ist, Bernd und Gepäck steigen aus, die Flieger vom HFC und dem Eppendorfer Club steigen ein – Rundflugtag.

Der sechste Start – ich fliege mit „Heinzi" Ritter, sturmerprobter Atlantikflieger vom HFC. Ich mag ihn, er ist immer cool und viel und weit unterwegs. So sage ich meinen Vers auf, wir starten auf der 34.

Fahrwerk einfahren – geht nicht, noch schwerer als sonst.

Also noch mal und mit Schwung.

Geht auch nicht, kurz vor „Eingefahren" bleibt der Hebel stehen.

Wieder raus geht aber auch nicht. Heinz guckt mich an, ich guck Heinz an – also erst mal lassen und den Luftraum freimachen.

Wir fliegen Richtung Elbe, gehen auf 1500 ft.

Nächster Versuch. Rührt sich nichts. Sehr witzig, denk ich mir. Heinz und ich versuchen mit vereinten Kräften.

Der Hebel steht wie eine deutsche Eiche. Denkt gar nicht daran, sich zu bewegen.

Und nun? Heinz, sag' ich, nun nehmen wir Deine Füße. Zuerst guckt er mich ungläubig an, krabbelt dann aber mit vielen Verrenkungen und schrecklichen Flüchen in den Kofferraum. Ich setze mich derweil ganz nach vorn, wegen Schwerpunkt und so... Und Heinz Ritter versucht mit der ganzen Kraft seiner strammen Waden den Fahrwerkshebel in Richtung des kleinen Schildes „Fahrwerk aus" zu bewegen. Der rührt sich nicht.

Als ich dann noch auf Heinzi's Füße drücke, bis er schreit, stellen wir sachlich fest, daß wir schlechte Karten haben. Ich denk' so bei mir, war doch gut, noch zu tanken, sechs Stunden haben wir zum Überlegen Zeit. Hamburg Tower, können Sie den Herrn Valentin mal holen, der sitzt im HFC, frag' ich. Warum das denn, funken sie zurück.

Weil unser Einziehfahrwerk nur ein solches ist, ist kein Ausfahrwerk, will sagen, unsere Räder sind weg und kommen nicht wieder. Es dauert zwei Minuten, dann ist Bernd Valentin am Funk. Bernd, Du hast das doch gebaut, gib' doch mal 'nen kleinen Tip. Die übliche Prozedur beginnt — der Tower wird umkreist, die im Tower haben Ferngläser vor den Augen — und ich darf zum ersten Mal in 30 ft Höhe um den Turm herumfliegen. Nur — helfen kann uns keiner.

Also, sagt Bernd, dann legt die Dame mal auf den Bauch. Kommt nicht in Frage, wir werden erst mal mit den Tücken der Technik kämpfen. So schnell wird nicht aufgegeben. Heinz macht Bestandsaufnahme — und findet das Bordwerkzeug. Wir bekommen einen privaten Luftraum samt Transpondercode und Funkfrequenz — dann schrauben wir die Taifun auseinander. Bernd gibt über Funk taktische Anweisungen, wo denn zu suchen wäre und so. Nach einer Stunde sieht die Taifun von innen ziemlich gerupft aus. Die Bedienhebel der Mittelkonsole sind ab, der Kasten auf — die ganze Mimik liegt vor uns. Nur — einen Fehler finden wir nicht. Wenn man sich losschnallt, verrenkt und schielt, sieht man das Bugrad. Wenn man da drauf drücken könnte, ob dann vielleicht ...? Bernd meint, könnte sein. Neue Aufgabenstellung: Mittelkonsole mit Bordmitteln weiter öffnen. Das erfordert den Einsatz von schwerem Werkzeug wie Hammer usw. Heinz ist genau der richtige Partner für Chaotenflüge wie diese. Cool, überlegt und technisch begabt.

So schwingt er den Hammer und zerstört die Sandwichkonstruktion, bis da ein sauberes Loch von 20 cm Durchmesser entstanden ist. Das Bugrad hängt da, als könnt es kein Wässerchen trüben. Was uns fehlt, ist ein 1,30 m langer Stock, um draufdrücken zu können.

Der Flieger wird durchsucht, ohne Ergebnis. Für was sollte sowas auch an Bord sein? Aufgeben gilt nicht − wir haben einen Kerzenschlüssel. In den schlagen wir einen Schraubenzieher. Der wird mit einem Montagehebel mittels zufällig an Bord befindlichen Drahtes verbunden. Das Ende bildet ein gekröpfter Ringschlüssel. Alles zusammen 1,30 m. Heinz und ich sind stolz. Wir kreisen irgendwo über Wandsbek. Weil da so viele Menschen wohnen, fliegen wir ein Stückchen weiter.

Weil, sollte unser selbstgebautes Präzisionswerkzeug sich in Richtung Erde verabschieden, hätte derjenige, den es treffen würde, sicher nicht einmal die Möglichkeit sich zu wundern, wo denn das Stück Eisen herkommen könnte.

Dann drückt der Heinz aus Leibeskräften auf das Bugrad. Etwas später höre ich schlimme Flüche. Das Bugrad dreht sich nämlich. Und immer, wenn Heinz abrutscht, schlägt er mit dem Kopf auf die Konsole. Dieser Effekt verstärkt sich zeitweise durch Böen. Und da Heinz der Meinung ist, der Kopf wäre sein edelstes Körperteil, flucht er im Takt der Schläge. Geht also auch nicht. Nun denn, also ohne Fahrwerk. Wir geben unser Vorhaben bekannt. Notlandebahn Gras, bitte. Ja, wird aktiviert. Im Tower herrscht hektische Aktivität − die Notlandebahn Gras ist ewige Zeiten außer Betrieb. Bitte noch eine halbe Stunde fliegen, sagen sie uns.

So machen wir aus der Not eine Tugend — und kommen zu einem wunderschönen Hamburg-Rundflug. Schalten mal den Motor ab — zum ersten Mal kann ich direkt über Hamburg Segelfliegen. Jedes Ding hat zwei Seiten. Über die Landung machen wir uns keine großen Sorgen, jedenfalls nicht, was unser Wohlbefinden angeht. Wohl denke ich an den Flieger, der soll ja möglichst nach der Landung nicht in kleinen Stücken daliegen ... Und um die Landebahn kreisen meine Gedanken. Du Heinz, wo ist die Notlandebahn Gras? Keine Ahnung, weiß er auch nicht. Ob wir mal fragen? Lieber nicht, an sich sollte man das wissen... Dann habe ich die vor der Blamage rettende Idee: Sicher kommt die Feuerwehr 'raus. Und da, wo die ihre roten Autos aufstellen, da müßt' es doch sein. D-KONO, wenn sie wollen, können sie jetzt, viel Glück.

Na, dann man los. Ganz langer Endanflug, Motor abstellen, Klappen — mal gucken, zehn Grad gehen, ohne, daß sie im Gras beschädigt werden. Jetzt hab' ich den Heinz doch noch erschreckt — weil er Motorflieger ist und nicht glaubt, daß wir aus dieser Höhe den Platz erreichen. Meine Beteuerungen, das würde alles gut passen, quittiert er mit zweifelndem Blick und nochmaligem Nachziehen der Gurte. Paßt alles gut, Kühlluftklappe zu, Hauptschalter und Sprithahn zu, Haube entriegeln — man kann ja nie wissen... Man glaubt ja gar nicht, wieviel Mühe man sich bei Landungen geben kann, wenn's draufankommt. Die Taifun schwebt dicht über der Bahn aus — nur nicht stark abfangen, sonst knallt der Schwanz auf das Gras. Und dann die Schnauze. Langsam verlieren wir die letzten Meter, dann sind es nur noch Zentimeter. Wie bei der Vermehrung der Igel — ganz vorsichtig. Bodenberührung — der Flieger rutscht mit dem Bauch übers Gras — wohl 30 m, nicht mehr. Dann stehen wir, genau vor der Feuerwehr, Bernd, Jutta und den anderen. Wir springen aus der Taifun, der erste Blick gilt dem Flugzeug — keine Beschädigungen, bis auf eine Fahrwerksklappe, die den Aufsetzpunkt markiert.

Die Spannung weicht, wir lachen, freuen uns, daß alles so glatt gegangen ist. Nur die Fahrwerkswarnung nervt, wie verrückt trötet sie durch die Gegend. Mit einem Griff habe ich die Batterie abgeklemmt. Bernd Valentin und ich gucken uns ungläubig an — die Tröte trötet immer noch. Gibt's das? Offensichtlich ja. Aber wie trötet eine Tröte ohne Strom? Wunder der Technik. Dann ist die Erscheinung doch irdischer Art: Damit die Fahrwerkswarnung auch geht, wenn die Batterie leer ist, hat sie ihre eigene kleine Batterie. Aber wo? Bernd, der Ingenieur, weiß Rat: Er kneift das Kabel ab.

One way ticket

Freitag, 11. Juli 1980: Morgen ist der Tag, an dem das Abenteuer beginnt. Heute feiern wir bei meinen Freunden Hans und Bärbel Kampik. Ich komme als letzter gegen 23.00 Uhr – im Arbeitsanzug, nachdem „Heinrich", der Gummitank, seinen Stempel bekommen hat. Wir feiern ein Fest homerischen Ausmaßes. Wolfgang Vogt bringt den größten Klops des Abends: Als „Abschiedsgeschenk" überreicht er mir mit feierlicher Miene ein Gesangbuch mit der Inschrift: „Für die langen, einsamen Stunden im Schlauchboot ...". Ich weiß, du meinst es gut, ich danke dir. Ich halte mich so gut es geht zurück.
Ab morgen werden die Tage länger.
Der „harte Kern" trifft sich am Sonnabend morgen, meine Kameraden der Fluggruppe Eppendorf und des HFC geben mir letzte heiße Tips. Inge, die Redakteurin vom Hamburger Abendblatt, die sich als erste aller Vertreter der Medien für meinen Flug

51

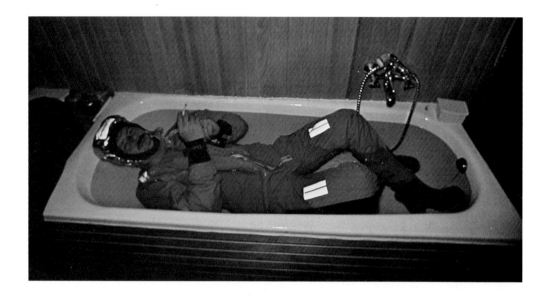

Überlebensübung in der
Badewanne. Hält der Anzug das,
was er verspricht?
Foto: Jutta Knechtel-Schultz

interessierte (und inzwischen das edle Handwerk des Piloten in unserem Club erlernt) ist mit Fotograf am Start. Das Wetter sieht gut aus – sagt der „Wetterfrosch". Das bißchen Regen hier in Hamburg soll im Norden Dänemarks blauem Himmel weichen. Also verstaue ich entschlossen mein Gepäck in der RF5; wer es nicht selbst gesehen hat, glaubt nicht, was in den kleinen Flieger alles hineinpaßt. Sogar für mich ist noch etwas Platz. Der Flieger wird gecheckt – ich checke mich auch noch mal kurz durch – ein bißchen müde (von gestern), aber ansonsten gefaßt. Die lange Vorbereitung auf den Flug war gut und wichtig. Alle möglichen Situationen habe ich im Geiste durchgespielt. Angst? Mut zu haben, heißt nicht, keine Angst zu haben, es heißt, die Angst zu überwinden.
Das hat einer gesagt, der Philosoph war.
Abschied von Jutta für die nächsten Wochen, Startinformation von „Hamburg Tower" und die Genehmigung für einen Überflug in strammer Haltung. Kurs Nord – nach Stavanger. Wenig später die Freigabe zum Verlassen der Frequenz. Ich bleibe noch drauf, so schnell höre ich euch nicht wieder, Hamburg Tower. Ansonsten ein erster Vorgeschmack auf das

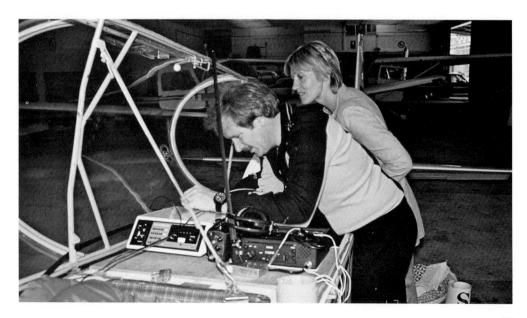

Sonnabend morgen, 8 Uhr – das
Loran C und 80 kg Gepäck finden
auf geheimnisvolle Weise
Platz . . .
Foto: Gunnar Schultz

8 km Sicht im Regen?

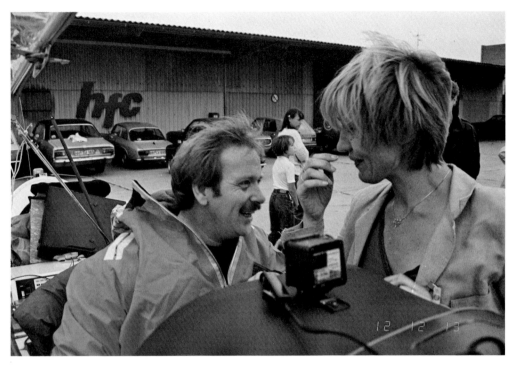

Wetter. VFR in 800 ft hat mir noch nie Spaß gemacht. Die Hoffnung auf den blauen Himmel in Dänemark hält mich aufrecht. Die 68 Pferde meines „Limbach" bringen mich jede Stunde 180 km weiter. Am Skagerak scheint dann endlich die Sonne, der erste Sprung über das Wasser führt mich nach Stavanger, wo ich nach 4 Stunden und 33 Minuten lande. Der Flieger steht in der Halle — für nur 30,— DM die Nacht. Mein Zimmer im etwa fünf Kilometer entfernten „Hotel" ist da schon billiger.

Sonntag, der 13.: Fängt gut an, der 13. Fünf Kilometer Fußmarsch im Nieselregen zum Flugplatz. Der Wetterfrosch macht mir Hoffnungen für den Flug nach Sumburgh auf den Shetland-Inseln. Mein Weg führt mich am SAR-Büro vorbei. Ich nehme die Gelegenheit wahr, mich hier ein wenig zu informieren. Und siehe da, der SAR-Mensch ist eine echte Fundgrube. Wer weiß eigentlich bei uns, daß die vielen Bohrinseln alle mit einem NDB und Flugfunk ausgerüstet sind? Sicher braucht man diese Inseln normalerweise nicht, aber ich würde doch versuchen, für den Fall des Falles direkt neben so einer Insel zu wassern, als irgendwo auf der offenen Nordsee. Ist sicher netter dort, auch nicht so einsam.

An sich ist Sumburgh sonntags geschlossen, ich habe Glück, man nimmt meinen Flugplan an. Ich hangle mich langsam auf 9000 ft hoch und freue mich wieder über mein VOR — die Hälfte der Strecke empfange ich das Stavanger VOR. Als ich probeweise auf Sumburgh umschalte, habe ich sofort eine einwandfreie Anzeige. So ist die Navigation ein Kinderspiel. Funkkontakt ist ebenfalls die ganze Zeit vorhanden. Und im Loran rattern die Zeitdifferenzen durch.

Das Leben ist schön — bis das Wetter schlechter wird.

Unter mir beginnt es zuzuziehen. Da ich mir selbst versprochen habe, nur unter echten VFR-Bedingungen zu fliegen, verlasse ich meine mühsam erkämpften 9000 ft und versuche es unter den Wolken. Ich bin begeistert: Sicht bis zum Propeller und Nieselregen. Stavanger sagt etwas von 8 km Sicht im leichten Regen. — Irgendwann werde ich einen Meteorologen zu einem Flug bei „8 km Sicht in leichtem Regen" einladen. Und wenn der dann mit dem Wasser auf der Scheibe weiter als bis zum Propeller gucken kann, werde ich dafür sorgen, daß mein Fliegerarzt, der mir hervorragend gute Augen beschei-

"So, kannst weiterfliegen!"

nigt, endlich aufhört, mich zu belügen. Zurück nach Stavanger, bis Stavanger mir verspricht, daß Sumburgh ⁴⁄₈ Bewölkung und Untergrenzen von 2000 ft zugesagt hat. Also zurück in luftige Höhen — in 10 000 ft bin ich über den Tops.

Mein komisches Gefühl will mich nicht verlassen, bis ich ein Stück Shetland-Inseln sehe. Der Rest ist problemlos, nach 2 Stunden 59 Minuten lande ich in Sumburgh. Volltanken, Wetter für Vagar auf den Faröern holen und den Flugplan aufgeben. Mrs. Burgess von der AIS ist Deutschlehrerin, so kann ich meine Englischkünste noch ein wenig aufsparen. Meinem sofortigen Abflug steht die Tatsache entgegen, daß ein Polizist meine Winchester entdeckt hat. Der Gute muß wohl mal schlechte Erfahrungen gemacht haben, jedenfalls schien er der Meinung, daß ich mit der 30.30 das gesamte Vereinigte Königreich okkupieren wollte.

Also Waffenbesitzkarte suchen und Erklärungen abgeben. Der Gute packt die Büchse aus. Trotz meiner mehrmaligen Hinweise, das Ding sei geladen, fuchtelt er mächtig mit dem Gerät herum. Bis er dann das Schloß öffnet und mit allen Anzeichen des Entsetzens feststellt, „my godness, that is a loaded gun?". Er spricht erst wieder mit mir, nachdem ich entladen habe. Zwar versuche ich zu erklären, daß es im Falle einer Notlandung unter Umständen schwierig ist, ein Gewehr zu laden oder gar noch an die Munition heranzukommen, aber es hilft nichts. Der Vertreter der Queen beginnt, dicke Bücher zu wälzen. Die Engländer sind ein angenehmes, vor allen Dingen fliegerfreundliches Volk, ich mag sie ganz pauschal.

Aber ich gestehe, dieses einzelne Exemplar begann mich aufzuregen; wegen des Tiefs, das mit mir unterwegs nach Vagar war. Ich bitte Mrs. Burgess zu Hilfe. Ihre klärenden Worte als Untertanin der Queen helfen.

Nach zwei Stunden sitze ich wieder im Flieger. Die Winchester bekomme ich erst zurück, als ich mich angeschnallt habe. Ein Rest von Miß-

HA!

Jonathan

Cumulus granitus . . .

trauen ist wohl geblieben. Ich glaube, daß der Mann erst nach meinem Start wirklich sicher war, daß ich seine Inseln nicht besetzen wollte. Das Wetter ist inzwischen zwei Stunden älter und schlechter geworden. Also wieder eine Stunde Steigflug auf 11 000 ft.

Das VOR von Sumburgh begleitet mich fast zwei Stunden, während das ADF schon lange die Richtung nach Vagar verrät. Nach drei Stunden ist wieder Land unter mir.

Aber auch viele Wolken der Gattung „Cumulo Granit". Ich entschließe mich für den weniger aufregenden Weg und lasse mir von Faröer Radar einen Radarvektor geben. „Bei dem See mit dem Wasserfall müssen Sie nach links, dann hinter den Bergen wieder nach links." Gesagt getan. „Jonathan", so heißt der Flieger (nach der berühmten Möwe — versteht sich) und ich beschlossen, uns nicht von den Turbulenzen beeinflussen zu lassen und den Platz nicht im Rückenflug anzufliegen. Vor uns liegt die beleuchtete Bahn. Als „Zuspätkommer" kostet die Landung mächtig viel Geld, ich glaube so um die 150,— DM. — Winchester, verdammte.

Das Hotel am Platz entschädigt. Der Wirt, des Deutschen mächtig, empfiehlt Fisch. Und der ist wirklich einige Sterne im „Michelin" wert. Später erfahre ich, daß der Wirt lange, lange Jahre im Hamburger „Atlantic-Hotel" gearbeitet hat. Das erklärt den Fisch. Ich gehe noch ein wenig vor die Tür und genieße den herrlichen Sonnenuntergang in dieser wilden Landschaft.

**Hinter dem Wasserfall nach links
. . Anflug auf Vagar
Foto: M. Schultz**

Der nächste Morgen gibt sich unfreundlich. Gegen Mittag verspricht der Meteorologe, der sich wirklich viel Arbeit mit mir macht, bessere Bedingungen. „Scattered sky" über Island, das heißt weniger als $^4/_{10}$ Bewölkung, unterwegs Tops bis 7000 ft — mein Wetter. Ich springe in meinen roten Überlebensanzug und darf erst einmal eine Platzrunde fliegen. Meine Karte ist unter dem Fahrwerkshebel eingeklemmt und läßt sich weder mit Kraft noch Intelligenz aus ihrem Versteck hervorlocken. Dann geht es aber richtig los. Zum Glück weiß ich nicht, was kommt.

Vorläufig geht es mir gut, der Flieger schnurrt, die Radios spielen, das Loran wirft unermüdlich Zeitdifferenzen aus. Überhaupt fühle ich mich durch meine Ausrüstung und meine große Reichweite in jeder Phase des Fluges gut. Einfach zu wissen, man hat für jeden denkbaren Fall vorgesorgt, das ist schon ein unheimlich gutes Gefühl.

Langsam bilden sich auch die Ohren, die die ersten Etappen immer bis unter die Motorhaube ausgestreckt waren, auf ihre ursprüngliche Länge zurück.

Aber, was zum Teufel nützt die ganze Vorbereitung, wenn das Wetter nicht stimmt? Ich fliege in 8000 ft. Das mit den Tops in 7000 ft war wohl nichts — vor mir tauchen Prachtexemplare bis zu 10 000 ft auf. Ich werfe meine ganzen 68 Pferde ins Rennen und steige auf 10 500 ft.

Die Clearance bekomme ich sofort, nachdem ich die Lage geschildert habe. An sich gibt es sie nur bis zu 5500 ft für die Minderbemittelten, sprich VFR-Flieger. Es gelang mir jedoch immer, sie bis 12 000 ft zu bekommen. Vielleicht half der Hinweis, ich sei Nichtschwimmer. Ich gestehe, daß mir zum ersten (und nicht zum letzten) Mal unheimlich wird. 11 000 ft, unter mir ist es zugezogen, die Tops steigen. Bevor mich der Dunst einfängt, suche ich die Richtung, in der sie am niedrigsten sind. Dann wird es dunkel. Mein künstlicher Horizont muß mir helfen. Es ist wahrhaft kein Vergnügen, eine RF5 unter diesen Bedingungen zu fliegen. Ab 11 000 ft ist sie mit dem vielen Gewicht nicht mehr so recht zum Steigen aufgelegt. So fliege ich mit hoch erhobener Nase 12 300 ft wie ein Ertrinkender über dem Wolkenmeer. Nach etwa vier Stunden sagt mir mein ADF, daß ich Island erreicht habe. Schüchtern frage ich „Iceland Control", wie es sich denn mit dem

„scattered sky" über Island verhält. Die Antwort ist hart, aber wahr: Ganz Island ist eine Wolke.

Meine Begeisterung kennt keine Grenzen. Ohne rechte Hoffnung auf Trost frage ich nach dem Wetter zurück nach Vagar. Vagar ist dito. Ich bitte den Lotsen zu checken, welchen Platz ich denn am besten anfliegen kann. Einzige Beruhigung sind meine sechs Stunden Reserve. Damit kann man schon einiges anfangen. „D-KFVA, fliegen Sie nach Hornafjodur, die Basis ist dort 1500 ft. Fliegen Sie das HN-NDB an, machen Sie einen NDB-Approach, nach Passieren des NDB fliegen Sie 204 Grad, und sinken Sie auf 1000 ft. Fliegen Sie dann das NDB an, nach Passieren des Beacon fliegen Sie weiter in minimal 520 ft nach 006 Grad. Melden Sie Platz in Sicht. Lesen Sie zurück".

Wenn das mit den 1500 ft nicht stimmt, werde ich den Rest meiner Reise wohl schwimmend zurücklegen müssen. Der Abstieg durch die 10 000 ft dicke Suppe ist nicht so schwierig, nur — zurück nach oben ist unmöglich.

Da, in 1500 ft sehe ich wirklich Wasser. Und etwas später sogar Land. Zwar im Dunst, aber ich fühle mich doch so, wie sich Columbus gefühlt haben mußte, als er endlich Amerika entdeckt hatte. Der Rest ist leicht.

Ingo, der Flugleiter in Hornafjodur, bewundert meinen komischen Vogel ausgiebig. Seine Frage, wie mir denn Island und speziell das Wetter hier gefiele, beantworte ich ausweichend. Einen Rest guter Kinderstube habe ich mir erhalten. Auch, daß gleich nebenan der größte Gletscher Europas sein soll, weiß ich nur von Ingo. Gesehen habe ich ihn nicht, er ist aber nur 10 km entfernt. Sagt Ingo. Nachdem ich die RF5 angebunden habe, fährt Ingo mich ins „Edda-Hotel" gleich nebenan.

Ich bin wild entschlossen, mir einen kräftigen Schluck zu kaufen. Aber dieser Tag hat es in sich. Es gibt nur Bier, das aber nur die Farbe mit dem gleichnamigen Getränk deutscher Art gemeinsam hat. Ich gebe auf und mache mir meine Gedanken über die überall in großen Horden anzutreffenden deutschen Pauschaltouristen. Das Hotel ist fest in deutscher Hand! Die ganze nächste Woche treffe ich diese Gruppe wieder. Am letzten Tag wundere ich mich nicht mehr. Die Welt ist klein. Das bestätigt auch der nächste Tag.

Nachdem Ingo meine zaghafte Frage nach einer Veränderung zum Guten mit einem tröstenden Lächeln beantwortet, nimmt er mich mit in die „Stadt". Die ist nun nicht so groß, ich brauche für die zweimalige Umrundung 45 Minuten.

Eine kleine Freude soll sich der Mensch jeden Tag gönnen. So suche ich das einzige Restaurant auf. Auf Island ißt man Fisch, der ist hier immer frisch. Außer mir saßen zwei Frauen und ein Mann im Lokal. Die essen auch Fisch und sprechen deutsch. Die drei machen eine Rundfahrt im Geländewagen. Eine lustige Gesellschaft. Ich höre etwas von Hochzeitsreise und mache mir meine Gedanken, welcher der beiden Damen ich denn nun gratulieren soll.

In Island läuft aber auch alles verkehrt — in diesem speziellen Fall ist die, die alleine reist, die Hochzeitsreisende. Ihr Mann wollte lieber auf den Kilimandscharo. Übrigens kamen die drei aus Lübeck, die Welt ist klein.

Wir fahren zum Flugplatz, „Jonathan" wird bewundert. Sie beginnt sich daran zu gewöhnen und ist auch nicht mehr verlegen. Braucht sie auch nicht zu sein, sie ist schon ein gutes Flugzeug.

Irgendwo haben die drei eine Flasche geistigen Inhalts im Gepäck, etwas zum Verdünnen ist auch da. So wird die Weiterfahrt um 0,7 l verschoben. Ob sie später wohl noch weit gefahren sind?

Der nächste Tag, der 16. Juli, sieht ein bißchen besser aus. Nicht genug, um den Gletscher zu sehen, aber immerhin. Ingo sagt, für einen isländischen Piloten würde es bis Reykjavik langen.

Aber isländische Piloten kennen sich hier besser aus, außerdem gibt es hier nur gute Piloten. Die anderen hat die „natürliche Auslese" dahingerafft. Heute treffe ich zum ersten

**Großer Flugplatz auf kleiner Insel:
Heimaey auf den Westman-Inseln
Foto: M. Schultz**

Mal die Besatzung einer Twin Otter der Islandair, die mich mit heißen Tips versorgt. Unter anderem erfahre ich, daß direkt neben dem HN-Beacon eine Radiostation steht, die auf der Frequenz 665 arbeitet und die Leistung des Beacon bei weitem übertrifft und somit statt dessen genommen wird.
Das Ganze mit Musik.

Warum steht in den vielen Berichten, die ich gelesen habe, nichts davon? Überhaupt gewöhne ich mir von nun an an, nur die Ratschläge der Piloten, die lange in dem jeweiligen Gebiet geflogen sind, zu befolgen. Das ist ab hier Überlebenstraining, die beste Chance, der natürlichen Auslese zu entgehen! Von Ingo herzlich verabschiedet, mache ich mich gegen Mittag auf nach Reykjavik.
Immer schön in 1000 ft die Küste entlang. Da stehen nämlich keine Berge. Aber ein Stückchen weiter rechts ahnt man manchmal mächtige Felsen. Es beginnt zu nieseln, ich sinke auf 900, 800 und 700 ft. Das langt.
Der Weg zurück nach Hornafjodur scheint vor mir zu liegen. Nur der Form halber frage ich in Heimaey auf den Westman-Inseln nach den Bedingungen dort. Die Antwort ist eindrucksvoll: gar keine Bedingungen; jedenfalls nicht zum VFR-Fliegen.

Also zurück. Ich denke an meine Großmutter, die immer gesagt hat, fliegen sei vom Teufel. Wenn der liebe Gott gewollt hätte, daß der Mensch fliegen soll, hätte er ihm Flügel gegeben. Recht hat sie.

Das fällt mir ein, als es richtig zu regnen anfängt. Der Teufel soll alle Wettervorhersagen holen. Ich sehe zu meiner Beruhigung einige sichere Außenlandemöglichkeiten, das entspannt ein wenig. Jetzt sagt auch Heimaey, daß man nun dort landen könnte.

Ich warte, bis die Nadel des ADF nach rechts zeigt und schleiche mich über die See. Nachdem ich einige große vulkanische Felseninseln aus der Froschperspektive bewundern durfte, taucht Heimaey auf. Schön, wirklich schön. Wahrscheinlich nur, damit ich nicht in meiner Freude übermütig werde, empfangen mich völlig unvermutet Turbulenzen in mir bisher unbekannter Intensität.

Heißer Sand . . .

Ich habe mich wohl richtig erschrocken und drehe erst mal ab. Nachdem ich das Cockpit einigermaßen wieder aufgeräumt habe, ziehe ich die Gurte fest und den Kopf ein. Hinein ins Vergnügen — wir haben wohl 30 kts Wind. Zum Glück steht er auf der Bahn. Heimaey hat einen Gravel-Strip.

Gravel, das ist sowas wie zerkleinerte Lava, es landet sich aber besser, als man zuerst annimmt. Nach einer Gedenkminute krabbel ich aus der RF5. Björni hat den einzigen Hangar, eine pfiffige Eigenkonstruktion, in die außer seiner Islander noch ein zweites Flugzeug paßt. Ohne, daß ich gefragt hätte, öffnet er den Hangar, zieht mit einem Strick und dem Auto die Islander aus dem Hangar und rät mir, meinen Flieger einzupacken. Wegen der 60 kts Wind, die bald kommen sollen.

Leider machen die Stützräder unter den Flächen diesen Plan unmöglich. Statt dessen binden wir die Rf5 mit allen zur Verfügung stehenden Tauen im Windschatten der Halle an. Ich bekomme ein preiswertes Zimmer in der Stadt. Heimaey ist 1973 beim Ausbruch des Vulkans meterhoch von der Asche bedeckt worden.

Es ist 19.00 Uhr, ich bekomme die Telefonnummer von Pall. Pall ist der Fremdenführer und alles mögliche mehr. Er verspricht, mich morgen früh, nachdem der Touristenbomber angekommen ist, abzuholen. So verfüge ich mich in eines der beiden Restaurants auf der Insel und esse Fisch. Beim dritten Bissen fragt mich jemand, ob ich der „German Pilot" bin. Ich mache große Augen, als Pall sich vorstellt. Er hat einige Leute für eine Inseltour am Abend. Wie er mich gefunden hat? „Leicht", sagt er, „es gibt nur zwei Restaurants hier". Wir sitzen in dem riesigen Bus und sehen von Asche zugedeckte Häuser, fahren auf den rauchenden Vulkan. Der war mir unheimlich, außerdem roch er nach Schwefel. War da nicht was mit der Hölle; da soll's doch auch so riechen? Ich bewundere die Tatkraft und den Mut der Inselbewohner. Nach der Katastrophe vor sieben Jahren haben sie ihre Stadt erst ausgegraben und dann schöner als vorher wieder aufgebaut. Jetzt werden gerade alle Straßen aufgerissen und Fernwärmerohre in jedes Haus gelegt. Die Wärme wird aus der heißen Erde gewonnen. So hat der Vulkan für seine Missetaten Buße zu tun.

Weil ich nicht glaube, daß hier oben auf dem Berg die Erde in 5 cm Tiefe unheimlich heiß ist, verbrenne ich mir die Finger. Ich glaube Pall jetzt alles.

Auf den schroffen Felsen turnen Männer mit Netzen an langen Stangen herum. Sie fangen die in Massen herumfliegenden Papageienvögel, die hervorragend schmecken sollen. Ich bleibe beim Fisch. Mir wird schon schwindlig, wenn ich die Leute in 300 bis 400 m Höhe in den Bergen herumturnen sehe. Pall meint, es ist ein schöner Abend und lädt uns fünf Figuren, für die er die Rundfahrt gemacht hat, in seine hervorragend bestückte Bar ein. So vergeht der Abend bis zum Morgen. Statt das Fahrgeld zu entrichten, trinken wir seine Bar leer — Pall bestand darauf. Die Reise bringt wieder Spaß. Nach Nächten dieser Art naht der Morgen schnell, in diesem Fall auch mit Schrecken. Der Wetterfrosch versucht mich mit der Schönheit der Inseln zu trösten, Fliegen ist also nicht. Am nächsten Tag auch nicht. Aber am 19. Juli, nach drei Tagen Inselbesichtigung schaffe ich die Strecke nach Reykjavik in 1 Stunde und 4 Minuten. Zum ersten Male sehe ich die prächtige Landschaft Islands. Der Anflug auf Reykjavik macht keine Probleme.

Nachdem alle Tanks wieder aufgefüllt sind, finde ich einen Platz in der Halle der Flugschule, kostenlos, nachdem ich ausführlich Flugzeug, Instrumente und Pläne erklärt habe. Um den Hallenplatz kümmere ich mich, nachdem man mich überzeugt hat, daß der strahlend blaue Himmel auf dem halben Weg nach Kulusuk in einer allgemeinen Waschküche endet. Das Met-Büro ist 15 Minuten vom Platz entfernt, dafür gibt es ein Handling-Office, das gegen Entrichtung einer Gebühr die kompletten Informationen für den Flug zusammenstellt. Außerdem bekommt man dort einen Zettel, durch den das Hotel am Platz um 20% erträglicher wird.

Am nächsten Morgen stehe ich um 8.00 Uhr im Briefing-Raum. Die Dame im Met-Office sagt mir, daß Kulusuk am Sonntag geschlossen hat. Ich sage, daß ich doch lieber Wetterinformationen haben möchte, woraufhin sie sagt: „Kulusuk ist zu." Ich habe immer

Wenn man muß und nicht kann . . .

Probleme, auf Englisch zu schimpfen, heute endlich gelingt mein Versuch überzeugend. Leicht beleidigt besinnt sich die Dame ihrer Pflichten. Die Vorhersage ist hervorragend. Ich warte noch einen Piloten-Report ab und checke die RF5.

Kulusuk hat zwar sonnabends und sonntags zu, gegen Entrichtung einer Gebühr von 350,— dkr. macht man jedoch Ausnahmen. Das ist nicht teurer als ein weiterer Tag in Reykjavik. Also gebe ich meinen Flugplan auf und schwinge mich um 11.25 GMT in die Luft. Ich fliege outbound mit dem Radiosender Reykjavik auf der Frequenz 209 – das ist der Sender, von dem die Wunderdinge in bezug auf Reichweite erzählt werden.

In diesem Falle stimmen die Erzählungen. Bis zur Ostküste Grönlands begleitet mich Musik. Wieder einmal geht es „on top" – ist einfach schöner, als in der Brühe unter den Wolken zu fliegen. Diesmal bin ich schlauer, ich lasse mir alle 30 Minuten das Wetter von Reykjavik und Kulusuk geben.

Die Vorhersagen sprechen von einer stabilen Hochdrucklage, ohne wesentliche Veränderungen. So nehme ich gelassen hin, daß es manchmal unter mir zuzieht. In 9000 ft fühlt sich mein Limbach auch noch einigermaßen wohl. Ich vergnüge mich mit meinem Lunchpaket und mit dem Kaffee aus der Thermosflasche. Das war ein Fehler, der Kaffee treibt. Ich kann einfach nicht richtig fliegen, wenn ich muß. Wie aber müssen, wenn nichts da ist, wo man kann? Das Schlimme ist, daß man nicht aufhören kann, daran zu denken. Und wenn man nicht kann, wird es noch schlimmer.

Nachdem ich alle Möglichkeiten geprüft habe, muß die Thermoskanne herhalten. Bin ich froh, daß ich ein Vertreter des männlichen Geschlechts bin . . . Und dann, als sollten die Freuden des heutigen Tages kein Ende nehmen, sehe ich nach 4 Stunden Flugzeit Grönland. Grönland ist überwältigend, wenn man es zum ersten Mal sieht. Berge, Eis und Wasser. Wasser, dessen Farben vom kräftigen Blau bis zu zartem Grün wechseln. Und Eisberge. Gelesen habe ich viel von Eisbergen, auch davon, wie groß sie sein sollen. Die, die ich sehe, sind gewaltiger. Oder kommt es mir nur so vor? Den Gedanken an eine Notwasserung zwischen dem Eis verdränge ich. Aber manche der großen Eisberge sehen so aus, als wenn man drauf landen könnte — wenigstens einmal.

Nur dauert die Reise mit dem Eisberg zum Golfstrom einfach zu lange. Mein Flieger und ich beschließen, die Strecke nach Amerika wie vereinbart auf dem Luftweg zurückzulegen. Nun, wo ich die Küste in Sicht habe, schalte ich auf das Kulusuk-Beacon um und erlebe eine herbe Enttäuschung. Ratlos wandert die Nadel auf dem Indikator hin und her. Ich bin ehrlich konsterniert, dachte ich doch, daß das einzige Funkfeuer an der Ostküste Grönlands ein gutes sein müßte. Ich schalte zurück auf die 209. Kurz danach habe ich Funkkontakt zu „Big Gun"-Radar, einer Radarstation in der Frühwarnkette der NATO, die jedoch auch durchaus sinnvoll für friedliche Zwecke wie „Kulusuk finden" eingesetzt wird.

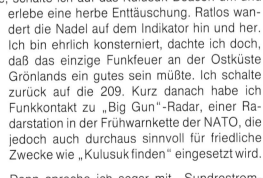

Dann spreche ich sogar mit „Sundrestromfjord Radio" — das allerdings versetzt mich in Staunen. „Sundie" ist doch fast 500 NM weiter westlich!? Dann verliere ich den Kontakt zu beiden Stationen.

Der Tag begann so gut . . . Ich erreiche die Küste Grönlands und habe im Moment keine Augen für das überwältigend schaurig-schöne Panorama. Ich gäb' 'ne Menge dafür, wenn ich wüßte, ob ich der Küste nach nach Osten oder Westen muß. Das ist das Problem, wenn man

Grönland — aber wo?

400 NM outbound mit einem NDB fliegen muß und den Wind nicht nachchecken kann! Aber ich habe noch über 4 Stunden Benzin. Ich beschließe, eine Stunde nach Osten, dann — sollte dort Kulusuk nicht zu finden sein — 2 Stunden nach Westen zu fliegen. ich werde ja wohl kaum mehr als 100 NM verblasen worden sein. Oder?

Ich gestehe, in dieser Situation kroch mir die kalte Hand den Rücken hoch. Natürlich versuche ich, Kulusuk, „Sundie" oder „Big Gun" ans Radio zu kriegen — aber die sprechen nicht mit mir. „D-KFVA, what's your problem, here Icelandair Twin Otter, we meet you in Hornafjodur and Reykjavik" höre ich mein Radio sagen. Mir fallen zentnerschwere Steine vom Herzen — meine Freunde aus Island sind in der Luft! „Icelandair, nice to meet you. I have no indication from the Kulusuk beacon." „Versuche die Broadcast-Station von Agmassalik, Frequenz 1100, die steht gleich um die Ecke bei Kulusuk."

Bevor meine Freunde zu Ende gesprochen haben, ist die Frequenz gerastet, und der Zeiger des ADF springt sofort nach links und bleibt auch da. Eine 180-Grad-Kehre zeigt mir, daß die Götter wieder mit mir sind. Ich verspreche den Kameraden der „Icelandair", bei nächster Gelegenheit eine Runde zu geben und fliege dem Zeiger nach. 45 Minuten später kommt dann auch Kulusuk Beacon zögernd herein. Dieses Beacon ist eines der besonderen Art: Manchmal soll es laut und kräftig seine Wellen in den Äther werfen, manchmal aber schweigt es stille und rührt sich erst, wenn man schon drüber ist. Aber Flieger, kommst du nach Grönland, denke an Agmassalik 1100. Das führt dich nach Kulusuk! Die Leute auf der Radiostation kennen das Problem und lassen ihren Sender Tag und Nacht laufen. Soll besser für die Röhren sein, sagen sie. „Kulusuk Radio" spricht jetzt auch mit mir, der Rest ist eine Kleinigkeit. Kulusuk ist an sich nur ein Strip mit einem Haufen Holzhäusern, in dem die dänische Mannschaft wohnt.

Ich lande und frage, wo ich abstellen soll. Kulusuk fragt, wo ich denn bin. Bitte, was? Auf der Bahn natürlich, wieso sehen sie mich nicht? „Weil ich den Platz vom Tower nicht sehen kann."

Ach so, ich dachte schon, ich wäre falsch hier.

Komischer Tag heute. Ich binde meinen Flieger fest und suche den Tower. Jeppe ist etwa 28 und Flugleiter. Er hat Kaffee gekocht, dampfend steht die Tasse auf dem Tisch. Ich entspanne und erzähle ihm meine merkwürdigen Erlebnisse. „Du bist nicht der erste, dem das passiert. ‚Sundie-Radio' hat eine Relaisstation oben bei ‚Big Gun Radar'. Wenn man näher an die Küste kommt, geht der Radiokontakt zu beiden Stationen verloren, jedenfalls, wenn man 80 NM daneben liegt. Und das mit dem Beacon, hat dir das niemand erzählt?"

Nein, lieber Jeppe, das hat keiner der Kameraden in den vielen Berichten geschrieben... Wir trinken den Kaffee aus, dann melde ich mich bei „J. K.". „J. K." ist der Boß in Kulusuk. Die Menschen hier sind von der angenehmen, ruhigen Art. Man macht nicht viele Worte und tut das, was getan werden muß. Er zeigt mir Bilder, wie es hier im Winter aussieht — Schnee, meterhoch. Sie versuchen, den Flugplatz solange wie möglich offenzuhalten. Ein hartes Brot in dieser Zeit. Zu meiner Überraschung leben die meisten schon zehn Jahre und mehr hier. Was sie in ihrer Freizeit machen? Schneeschlitten fahren, Lachse angeln, Boot fahren, Robben jagen und, glaubt mir, es stimmt, Wasserski fahren. Der neue Sport in Grönland. Nach dem Motto, es gibt kein kaltes Wasser, nur falsche Kleidung.

Ich glaub', ich komm' noch mal wieder, Wasserski fahren in Grönland, das ist die Krönung der Auslese!

In Jeppes Tower rattern drei Fernschreiber von der lauten Art, dazwischen quaken ein HF- und mehrere VHF-Radios. Alle 30 Minuten tobt er los, liest seine meteorologischen Geräte ab und macht seinen MET-Report.

Zwischendurch kocht er Kaffee und hört mit nachtwandlerischer Sicherheit die Meldungen im Radio, die ihn was angehen. Jeden Funkverkehr muß er auf der großen Rolle mit der Schreibmaschine festhalten. Dazwischen findet er Zeit, sich mit mir zu unterhalten. Jeppe, Du hast richtig gut zu tun. Im Geiste stelle ich mir den Job vieler Flugleiter auf Landeplätzen in der Heimat vor, die schon der Verzweiflung nahe sind, wenn zwei Maschinen in der Platzrunde sind und dazu noch das Telefon klingelt ...

Trotzdem muß ich meinen Traum begraben, gleich weiter nach Godhabt zu fliegen. Über dem Eiskap sind Wolken und Vereisungsbedingungen. Also baue ich mein Zelt auf. Später kommt noch eine Mooney aus Frobisher, ein Ehepaar aus Südafrika.

Die beiden sind richtig enttäuscht, daß es hier kein Hotel gibt. Hätten sie statt der weißen Handschuhe einen Schlafsack eingepackt, die Nacht wäre angenehmer geworden. Nachdem alles für die Nacht, die keine richtige ist — es wird nicht dunkel in dieser Jahreszeit —, vorbereitet ist, mache ich einen Ausflug nach Cap Dan, der kleinen Eskimosiedlung, fünf Kilometer vom Platz entfernt.

Ich bin wohl noch kein richtiger Grönländer. Richtige Grönländer wissen, über welchen Schnee man gehen kann und über welchen nicht. Nachdem ich bis zum Bauch im Schnee und bis zu den Knien im Wasser stehe, bin ich bereit, auch kleinere Umwege in Kauf zu nehmen. In der Sekunde, wo der Wind einschläft, kommen die Mücken zu Milliarden — alle stürzen sich auf mich. War wohl sonst auch keiner da. Diese Mücken, auch die, die ich später in Kanada treffe, sind Ignoranten der schlimmsten Art. Mein Anti-Mücken-Spray wird nicht einmal andeutungsweise zur Kenntnis genommen.

Cap Dan besteht aus etwa 50 bunten Holzhäusern, einigen Hunden und vielen Eskimos. Drei von ihnen treffe ich kurz vor der Siedlung. Es ist Sonntag, Sonntag ist der Tag des Herrn und der Flasche. Letzterer hatten die drei in hervorragender Weise zugesprochen. Irgendwie müssen hier wohl unangenehme Dinge mit Touristen passiert sein, jedenfalls bedeuteten die Kameraden mir, daß ich in der Stadt nicht erwünscht sei, sie mögen keine Dänen.

Auch mein deutscher Paß half nichts, ich war Däne. Ich dachte an den Zahnlosen, der sagte, „25 Jahre habe ich mein Gebiß gepflegt, und nun, wegen einer kleinen Diskussion, ist alles im Eimer" und taperte fünf Kilometer zurück zum Flugplatz. Das war das einzige Mal, daß ich unfreundliche Eskimos traf, sonst ist dieses Volk ein fröhliches und freundliches. Leider hat auch hier der weiße Mann die Zivilisation hergebracht, mit ihr die Krankheiten und den Schnaps. Und den Fortschritt? Nachdem ich die RF5 so gedreht habe, daß sie genau vor der untergehenden Sonne steht (gibt bestimmt ein schönes Foto), begebe ich mich ins Zelt.

Morgens um eins begreife ich endlich, daß die Sonne nicht untergeht und lege den Fotoapparat zur Seite. Der Wetterbericht am Morgen verheißt nichts Gutes, Jeppes Kaffee dagegen ist — wie gewohnt — hervorragend.

Gegen Mittag trifft der „Touristenbomber" aus Reykjavik ein, mit ihm eine Horde Touristen, Deutsche natürlich, und einige Schweizer. Die eine Hälfte rennt nach Cap Dan, Eskimos fotografieren. Nach eineinhalb Stunden sind sie zurück, der Flieger fliegt wieder nach Reykjavik. Ob vielleicht darum die Eskimos sauer sind? Mag sein, daß mir das rechte Verständnis für diese Art Tourismus nach dem Motto „einmal um die Welt in 36 Stunden, Besichtigung aller Sehenswürdigkeiten und Eingeborenen eingeschlossen" fehlt.

Die andere Hälfte der Gruppe gefiel mir besser, sie blieb eine Woche in Agmassalik und genoß die Schönheit Grönlands richtig.

Inzwischen landet eine Dash 7 der „Greenlandfly" — ich traue meinen Augen nicht: Anflug mit etwa 70 kts, Landung und vielleicht 300 ft zum Anhalten. Ich werde neidisch. Svein Syversen ist Norweger und Kapitän dieses schönen Vogels. Svein hat zwei Jahre in Deutschland bei Theo Wüllenkemper PA-18 und Banner geflogen und spricht viel besser Deutsch als ich Englisch. Ich zeige ihm meinen Flieger, er zeigt mir seinen. Seiner ist größer und traumhaft ausgerüstet — einschließlich zweier „Omegas" ist alles an Bord, was gut und teuer ist. Svein fliegt schon lange in Grönland und ist somit für mich Greenhorn eine Fundgrube. Er malt mir eine Karte auf ein Stück Papier, sein Haus in Dänemark liegt neben einem Flugplatz, und sein Schwiegervater sammelt alte Flugzeuge. Nächsten Sommer, Svein, besuche ich dich und erzähle dir über meine Fliegerei in Grönland. Bei der Gruppe, die noch etwas bleibt, finde ich zwei, die aus dem Sauerland kommen. Aus Plettenberg, kenn' ich doch. Da hab ich doch mal meine RF4 gekauft. Natürlich kennen die beiden auch jemanden, den ich kenne. Kleine Welt.

Am nächsten Tag ist immer noch kein Wetter. Es ist der 22. 7. Zehn Tage bin ich jetzt unterwegs. Mit Jeppe trinke ich Kaffee und erzähle Geschichten. Eine Mooney hat sich aus Reykjavik angesagt, „N6951V". „Das sind keine Amerikaner", sage ich. „Auch keine Engländer oder Skandinavier", meint Jeppe. Ich beschließe, daß das Deutsche sind und renne zur Landebahn. Zwei Männer und ein Mädchen steigen aus — und es gibt großes Hallo. „Lev" und Wally Levermann und Roland Kuhlmann aus Werdohl. Wally heißt eigentlich noch Froese, aber das soll sich ändern, sagt sie. Wir sind doch recht sprachlos, uns hier zu treffen. Zur Feier des Tages öffnet Wally mit bedeutungsvoller Miene das von ihr verwaltete „Survival"-Equipment und gibt eine Flasche vom Besten zum Abschuß frei.

Da Jeppe immer noch kein besseres Wetter für uns hat (die drei wollen auch über das Eiskap nach Godhabt), nehmen wir unsere Zelte und Schlafsäcke und fliegen mit dem Hubschrauber nach Agmassalik. Vorher helfen wir dem Mädchen der „Greenlandfly", schwere Ausrüstung im Hubi zu verstauen — sie muß den ganzen Tag die schweren Sachen wuchten, die kräftigen Männer um sie herum haben ja für den Flug bezahlt. Warum also helfen? Dafür dauert unser Flug keine zehn Minuten, sondern eine halbe Stunde. Zwischen den Eisbergen durch, unten der Küste entlang, überall da entlang, wo es schön ist. Der Pilot zeigt uns auch die Stelle, an der vor einigen Jahren ein Flieger gegen den Berg gedonnert ist. Der Berg hat nur eine kleine Schramme abbekommen. Der Pilot hatte auch Agmassalik im ADF gerastet, nur hatte er vergessen, daß die Station auf dem Berg steht, viele Füße höher als Kulusuk ... Fehler, die man nur einmal macht.

Wir schlagen unsere Zelte vor dem einzigen Hotel auf und essen dänisch, also gut. Der Inhaber des Hotels ist auch Flugzeugbesitzer. Er hat vor drei Jahren eine Twin Otter von Lloyds of London gekauft, die im ewigen Eis notgelandet ist. Einmal hat er sein Flugzeug auch gesehen, dann hat es geschneit. Er gibt mir die Koordinaten und verspricht eine gute Prämie, wenn wir seinen Flieger finden. Leider haben wir keine Spur entdeckt.

So sorry, ...

Agmassalik ist schön. Bunte Holzhäuser, sauberes Wasser und saubere Luft — wo gibt's das noch auf dieser Welt? Den späteren Abend verbringen wir im „Kro". Hier geht's hoch her. Dänen und Eskimos trinken um die Wette. Das, was man über die „Gastfreundschaft" der Eskimomädchen erzählt, stimmt. Wer es nicht selbst gesehen hat, glaubt es nicht. Diese Zutraulichkeit muß wohl noch aus der Zeit stammen, als der Gast im Iglu die Frau als Gastgeschenk angeboten bekam. Doch Fremder, kommst du nach Agmassalik, halte dich zurück, auch wenn die Mädchen noch so hübsch sind. Der beste Freund der Touristen ist der Arzt, erzählt man sich. Und davon gibt's hier nicht so viele. Wir waren nicht gefährdet, Wally hielt ihre schützende Hand (will sagen: eiserne Faust) über uns. Der nächste Tag versprach gutes Wetter für den übernächsten Tag. Zurück zum Flugplatz, lautet die Parole. Da der Hubschrauber heute nicht fliegt, wollen wir ein Boot chartern. Keiner will uns fahren. Nach einiger Zeit erfahren wir auch warum. Der Wind hat gedreht. Das ist an sich nichts Schlimmes. Aber er hat das

**Traumfahrt durch's Packeis —
Wally hält Wacht
Foto: M. Schultz**

**Einmaliges Schauspiel —
Eisberge vor Kulusuk
Foto: M. Schultz**

ganze Eis an die Küste geblasen. Und das ist nun Packeis. Der Hubschrauber fliegt erst am nächsten Tag um elf Uhr wieder. Kann aber auch sein, daß er erst um zwölf oder eins oder später fliegt.

Das darf doch nicht wahr sein, unser Wetter kommt, und wir sitzen 20 NM Luftlinie entfernt vom Platz fest. Gut, daß keiner unsere dummen Gesichter gesehen hat. Aber wer nach Grönland fliegt, muß auch Glück haben.

Mein alter Fluglehrer Rudi Matthes hat immer gesagt, wer kein Glück hat, soll nicht fliegen. Das Frachtschiff, das alle paar Wochen nach Cap Dan und Kulusuk fährt, tut dieses heute. Für 36 dkr machen wir die Fahrt unseres Lebens. Der alte Kapitän donnert mit dem Kahn durch das Packeis, daß es eine reine Freude ist. Die Farben des Eises, vom reinen Weiß über dunkles Grün bis zu einem unwirklichen, ganz zarten Grün, das Geräusch, wenn die Wellen unter dem Eis langstreifen, das Getöse, wenn das Schiff das Eis knackt, dazu die reine, kalte Luft — keiner von uns wird diese Fahrt jemals vergessen. Trotz der eisigen Kälte laufen wir die ganzen fünf Stunden mit den Fotoapparaten auf dem Dampfer umher. Ich frage den Kapitän, ob er denn sicher ist, daß wir durchkommen. Er ist es nicht. Und wenn nicht? Dann müssen wir halt warten, bis das Eis wegtreibt. Wie lange das denn dauert? „Kann sein eine Stunde, kann sein eine Woche."

Bitte nicht, ich will doch nach Amerika! Der Kapitän ist ein alter Fuchs, nach fünf Stunden haben wir Kulusuk in Sicht. Wally zaubert aus der Mooney ein opulentes Abendmahl, Gänseleberpastete, die ich so gerne mag, Käse, Schinken, heiße Würstchen und Tee. Der Tee schmeckt ein bißchen nach Würstchen, weil wir die Würstchen zuerst im Teewasser heißgemacht haben. So geht's schneller. Dazu frisches Brot aus Kulusuk — Wally, Du bist ein Schatz.

Wally ist auf den Westman-Inseln kräftig in die Lavaasche gefallen; die große Wunde am Knie mußte genäht werden. So ging sie auf diesem Bein ziemlich steif. Sie trägt es mit Würde und tapfer. Vielleicht auch, weil der Lev immer sagt, wenn es mit dem Bein schlimmer wird, müßten wir sie erschießen. Lev, das macht man doch nur mit Pferden, und dann nur, wenn es nicht mehr anders geht. Aber solange sie so schöne Sachen im Koffer hat? Nein.

Komische Vögel . . .

Inzwischen ist Ernest gelandet. Ernest ist Ferry-Pilot und feiert irgendein Jubiläum. So überführt er die erste Piper Super-Cub auf dem Luftwege nach Europa. Wir binden die Cub neben der RF5 fest.

Komische Vögel trifft man hier in Kulusuk. Eine RF5 und eine Super-Cub — da grinst sogar „J. K.".

Ich hab's ja schon immer gesagt: die Verrückten unter den Irren sind die Flieger. Aber die Verrückten sind normaler als die Normalen, glauben zumindest die Verrückten.

Wie dem auch sei, es sind nette Zeitgenossen, die, die sich gelegentlich aus der heimatlichen Platzrunde heraustrauen und nicht nur nach Büsum zum Krabbenessen fliegen. Krabben gibt's hier übrigens auch. Nächsten Morgen weckt uns Ernest mitten in der Nacht um acht Uhr. Ernest spricht auch deutsch, besser als wir englisch, er erzählt was von „clear sky over the Icecap".

Das macht wach. Wir tanken und teilen uns ein 200-l-Faß. Es geht ja das Gerücht, daß man in Kulusuk immer 200 l kaufen muß, egal, wieviel man braucht.

Stimmt so aber nicht. Schon vorher hatte „J. K." etwa 100 l organisiert, die erst einen Tag standen. Ein Engländer hatte es angebrochen, ich sollte es nehmen und ihm den Scheck nach England schicken. Und überhaupt ist das mit den 200 l so, daß nach einigen Tagen im angebrochenen Faß Kondenswasser steht. Darum wird nichts aus angebrochenen Fässern verkauft. Und nicht, um die Piloten zu rupfen. Ich hätte auch lieber 200 l Sprit ohne Wasser bezahlt, als einen längeren Fußmarsch durch das ewige Eis zu riskieren. Schon der Sarg ist teurer. Ich bezahle für vier Tage Abstellen und zwei Landungen 47 dkr. „J. K." meint, es war am Sonntag sowieso jemand am Platz, so könnten wir uns die 350 dkr für die „Sonntagslandung" sparen.

Danke, Jeppe, „J. K." und alle anderen in Kulusuk — es war nett bei Euch.

Ich starte eine Stunde vor der Mooney nach Godhabt, die sind ja mehrere Meilen schneller als ich und werden somit etwas vor mir landen. Ich fliege outbound mit „Agmassalik", bis ich Funkkontakt mit „Sub-Story-Radar" bekomme, eine Station etwa 160 NM westlich von Kulusuk, mitten im Eis.

Ich fliege in sicheren 12 000 ft.

Es stimmt, was erzählt wird, es ist unmöglich, die Höhe über dem Eis zu schätzen. Sooft ich es auch versuche, im Falle einer Notlandung wird man wohl die letzten 2000 ft so fliegen müssen, als wenn man sofort aufsetzt. Und warten, bis es am Bauch kratzt. Selbst

**Frühstück mit den Knackeulen –
Tee mit Wurstgeschmack
Foto: Lev Levermann**

die alten Hasen sagen, daß man die Höhe nur mit dem Radarhöhenmesser feststellen
kann. Aber ich will ja nicht landen.

Der Limbach-Motor treibt mich jede Stunde 180 km vorwärts — wenn der Wind nicht wäre.
Er bläst mit konstanter Boshaftigkeit mit 30 kts auf die Schnauze. Sub-Story-Radio dient
heute wieder friedlichen Zwecken und korrigiert meinen Kurs. Lev und seine Mannschaft
sind inzwischen auch in der Luft. Nach dem Motto: „Hörst du mein heimliches Rufen"
versuchen sie, es mir gleichzutun und mit Sub-Story zu sprechen. Das funktioniert aber
nicht. Mag sein, die Radios in der Mooney sind gut für Europa, wo alle paar Meter eine
Station steht, hier oben jedenfalls war das zu wenig.

So habe ich gut zu tun, mein kleiner Motorsegler darf für die nächsten Stunden Relais für
die „N6951V" spielen. Bin ich stolz, dem großen Flieger zu helfen. Und denke wieder
einmal dankbar an Becker-Flugfunk. Eure viele Arbeit hat sich gelohnt!

Übrigens holt uns Sub-Story auf die 121.5 — man geht hier ziemlich hemmungslos mit der
Notfrequenz um, es herrscht reger Verkehr auf diesem Kanal. Dann verliere ich den
Kontakt zur Mooney und Sub-Story. Da sich auch auf dem ADF nichts tut, beschließe ich,
das letzte Heading der Radarstation weiterzufliegen. Kleine Korrekturen ergeben sich aus
der sich vergrößernden Ortsmißweisung. Mein Hamilton-Kompaß ignoriert die Nähe des
Nordpols, er dreht einwandfrei durch und neigt nie zum Hängen. Ist schon was Feines,
eine gute Ausrüstung ...

Nach fünf Stunden erkenne ich die Berge an der Westküste. Ich raste schon einmal das
Godhabt-Beacon in der stillen Hoffnung, es würde was passieren. Tut es aber nicht. Doch
nicht schon wieder, das hatten wir doch schon! Ich versuche das Cook-Island-Beacon zu
rasten. Ich bin ein Trottel, sage ich zu mir. Die Karte, wo die Frequenz notiert ist, liegt im
Kofferraum. Also raste ich alle NDBs von Nassasuraq bis Sundrestromfjord durch.
Ergebnis: Null. Zwischendurch höre ich einmal Lev und seine Kumpane im Funk. Sie
haben es also auch geschafft. Diesmal ist die Entscheidung nicht so schwer, an sich kann
Godhabt nur in Richtung Norden liegen. Sonst müßte ich ein Lebenszeichen von
Nassasuraq im ADF empfangen. Vorsichtshalber rufe ich alle fünf Minuten Godhabt. Aber
die wollen nicht mit mir sprechen. Dann eben nicht. Aber der Pilot einer Dash 7 meldet sich
und sagt mir die Frequenz von Cook-Island-NDB. Dann sehe ich auch schon Godhabt.
Palle ist der Flugleiter. Er sagt mir die Bahn und 30 kts Wind in Landerichtung. So ist das
also, der Wind hat gedreht und kommt nicht aus den vorhergesagten 270 Grad, sondern
aus 310 Grad. Das erklärt meine 80 NM nach links ...

Punkte . . .

Verzurren mit allem was da ist –
Kuhsturm in Godhabt-Nuuk
Foto: M. Schultz

Im kurzen Endteil sagt mir Palle noch schnell, daß vor dem Platz ein kräftiges Lee ist. Das fiel mir auch gerade auf, als ich die Bahn 50 ft über mir sehe. Ich werfe meine 68 Pferde ins Rennen und lande sicher in Godhabt.
Lev, Wally und Roland und das gesamte Personal des Flughafens empfangen mich. Flieger bewundern und anfassen, tanken und festbinden, alles wie gewohnt.
Svein Syversen kommt auch aus dem Gebäude. Großes Palaver und Verabredung um 22 Uhr in der Bar des Godhabt-Hotels. Ist doch schön, überall Bekannte zu treffen. Wir vier beschließen, daß wir uns heute einen überdimensionalen Schluck verdient haben. Der Flug übers Eiskap war an sich problemlos, trotzdem war mir das Ganze unheimlich. Fragt mich nicht warum, ich weiß es nicht. Das viele Eis, die absolute Leblosigkeit, die Einsamkeit, das seltsame Licht? Wir sind eine ganze Weile recht still. Die Piloten, die hier fliegen, sagen, daß der Flug über das Eiskap den Menschen verändert. Mag wohl stimmen. Wenn vier Leute, denen normalerweise immer ein dummer Spruch einfällt, dreißig Minuten still sind, ist das schon ungewöhnlich.
Ja, und dann war da noch die Geschichte mit dem großen Schluck... In Grönland gibt es ein „Punktsystem". Nicht so wie unseres in Flensburg, nein, schlimmer noch. Für jeden Drink, den man kaufen will, muß man einen Punkt abgeben. Das hat man so gemacht, weil die Eskimos sonst jeden Tag betrunken sind. Sagen die Dänen. Die trinken aber auch nicht schlecht. So wird dieses System wohl zur allgemeinen Aufrechterhaltung der Moral dienen. Nun können sich Eskimos und Dänen nur noch drei- bis fünfmal im Monat richtig betrinken. Oder jeden Tag etwas.
Meine Aufgabenstellung ist klar: Punkte für alle besorgen. Um Punkte zu bekommen, muß man in das Touristik-Büro gehen. Das hat aber ab Mittag zu. Also frage ich im Hotel. Hier gibt's nur Punkte, wenn man ein Flugticket vorweisen kann. Kann ich natürlich nicht. Schließlich haben wir unsere eigene Airline (Werbeslogan: „Die Never-come-back-Airline lädt zu einer Mayday-Reise ein").
Alles ist gegen uns. Lev murmelt etwas von „Achterbahn machen" oder so, ich werde auch langsam sauer. Auch meine Erklärung, wir seien große Flieger vor dem Herrn und

gerade über das Eiskap geflogen, beeindruckt nicht. Schließlich kommt der Manager, ein vernünftiger Mann. Er gibt mir Punkte. Aber nur mir, da ich ein Zimmer hier habe. Auch reserviert er uns einen Tisch, der Magen will ja auch was Festes haben. Und die Küche soll hier französisch gut sein. Wir verfügen uns an die Bar und geben nach und nach die sauer erkämpften Punkte wieder ab.

Lev fragt mich scheinheilig, wie ich denn so mit der Navigation hingekommen wäre. Ich antworte ausweichend, es scheint, als wolle er mir etwas sagen. Nachdem ich ihn ein bißchen gelockt habe, gesteht er, daß er um die 100 NM nach Südwesten abgetrieben war. Er hat auch den letzten Radarvektor von Sub-Story genommen. Ich gestehe meine 80 NM, damit der Lev wieder ruhig schlafen kann. Hier, an der Bar sind wir wieder die Größten. Wißt Ihr noch, vier Stunden vorher? So ist das mit den Piloten – große Klappe an der Bar, klein und häßlich über dem Eiskap.

Wir versuchen, unseren reservierten Tisch zu bekommen. Der ist aber schon besetzt. Später wird ein anderer frei. Als nach 30 Minuten noch keine Bedienung da ist, klage ich dem Manager wieder mein Leid. Nach 15 Minuten kommt der Kellner. Und teilt uns mit, daß die Küche nun leider zu ist.

Das geht ernsthaft zu weit. Nach unserem energischen Protest bekommen wir dann doch noch die Karte. Wir schwanken noch zwischen Filet Mignon und Chateaubriand, als die

Wally, der Schatz

Bedienung uns einen echt französischen Bratklops serviert. Das ist das Einheitsmahl um diese Zeit. Wir haben auch schon keinen richtigen Hunger mehr. Trotzdem wagen wir, nach einer Scheibe Brot zum Klops zu fragen. Das sei schon unter dem Klops — erfahren wir. Unter dem Klops war aber nichts, aber im Klops: der Bäcker hat den Kampf mit dem Schlachter einwandfrei für sich entschieden. Mahlzeit.
Svein ist inzwischen auch eingetrudelt.
In der Bar erzählen wir abenteuerliche Geschichten, bis sich die Balken biegen und die Punkte alle sind. Das ist nicht so tragisch, weil sowieso um 1.00 Uhr Feierabend ist. Am nächsten Morgen klärt sich ein Irrtum: Ich dachte, meine Punkte wären die Ration für einen Tag — weit gefehlt, sie waren für einen Monat.
Der restliche Aufenthalt in Godhabt gestaltete sich somit im großen und ganzen trocken. Als erstes ziehe ich aus meinem 60-Dollar-Hotel aus. Das Zimmer war keine 10 Dollar wert. Der Station-Manager der Greenlandfly besorgt mir ein Zimmer im Staff-Haus für 25 Dollar. Immer noch teuer, aber wesentlich besser als das Godhabt-Hotel. Heute trennen sich auch die Wege von Wally, Lev, Roland und mir. Die drei fliegen nach Kulusuk zurück. Aber am 6. September ist Flugtag in Werdohl, da sehen wir uns wieder. Tschüß, ihr drei. War schön, euch getroffen zu haben.
Später finde ich in meinen Handschuhen einige Päckchen Leberpastete. Wally, Du bist ein Schatz.
Für mich gibt's keine Chance, nach Frobisher-Bay zu kommen. Dafür kommt es am nächsten Tag aber ganz dick: Ich wache durch das Brüllen des Sturmes auf und rase zum Flugplatz. Zum Glück habe ich schon gestern die Flügel der RF5 eingeklappt.
Nun binde ich sie zusammen, binde den Schwanz fest, schleppe Sandsäcke herbei und hoffe, daß sie die 60 kts übersteht. Als erstes fliegt mein Haubenüberzug weg. Mit einem Greenlandfly-Mitarbeiter stürze ich mich in den Sturm hinaus. Innerhalb von Sekunden sind wir beide bis auf die letzte Faser naß. Und kalt. Mit einem Netz fangen wir den Überzug ein und binden ihn mit vielen Stricken fest. Den Rest des Tages verbringe ich mit Palle im Tower und beobachte Windmesser und Flugzeug. Leider ist es nicht möglich, den Flieger in den großen Hangar zu stellen.
Offizielle Version ist, daß dort keine Flugzeuge mit Kolbentreibstoff stehen dürfen, wegen der Versicherung. Später erfahre ich den wahren Grund: Man hat wohl einmal aus Gefälligkeit einen Flieger in die Halle gestellt. Dabei gab's eine Beule in der Fläche. Der Kamerad bestand auf einer neuen Tragfläche. Man sagt, die alte war sowieso nicht mehr so gut, wie dem auch sei, er bekam seine neue Tragfläche. Und der Manager, der den Flieger in die Halle stellen ließ, einen gewaltigen Ärger. Seitdem ist es vorbei.
An diesen Herrn dachte ich den ganzen Tag, während ich hoffte, meine RF5 würde nicht ohne mich fliegen. Teeren und Federn war die Mindeststrafe, die mir einfiel.

Mein Flugzeug übersteht auch diesen Sturm. Am nächsten Tag lege ich die RF5 trocken. So richtig wasserdicht war sie noch nie, so naß wie heute aber auch nicht. Jedenfalls sind die Instrumente trocken geblieben. Der Mensch freut sich auch über Kleinigkeiten.

Dann legt sich der Sturm, gelegentlich sieht man sogar etwas Himmel. Nur nach Frobisher reicht es nicht. Svein rät mir, nach Sundrestromfjord zu fliegen. „Sundie" liegt etwa 50 NM landeinwärts und ist somit nicht den Launen der Küste ausgesetzt. Und ich dachte, ich käme um die 100 Dollar für die „unautorisierte Landung auf einem US Air-Force-Field" herum.

Für „Sundie" braucht man nämlich eine Permission vom Pentagon. Die alten Hasen haben mir erzählt, daß es genausoviel kostet, hinter dieser Permission her zu telefonieren und zu telexen, als die 100 Dollar zu zahlen. So versucht es keiner mehr und liefert die hundert „bucks" dort ab.

Ein beliebter Trick ist, Godhabt als Zielflugplatz anzugeben und „Sundie" als Alternate anzugeben. Wenn man dann aus was-weiß-ich welchen Gründen nach „Sundie" ausweicht, kostet's nichts.

Nur ging das in meinem Falle nicht. Bei diesem Wetter glaubt's mir doch keiner. Nachdem mir Godhabt noch 350 dkr für den Start am Sonntag aufbrummt und ich meine Spritrechnung bezahlt habe (der Liter 3,50 DM), erreiche ich nach drei Stunden Sundrestromfjord.

Unterwegs lerne ich eine sinnvolle Einrichtung kennen: Wer will, kann über „Godhabt Radio" alle 30 Minuten, jeweils zehn Minuten nach der vollen und halben Stunde, Laut geben. Die Meldung lautet: „D-KFVA, Position ...., Höhe, all operations normal."

Sollte man hier in Trouble geraten, beginnt der SAR sofort mit der Suche und nicht erst nach Ablauf des Flugplanes oder Verbrauch des angegebenen Treibstoffes. Und das kann in diesem Teil der Welt sehr wohl entscheidend sein.

Der Controller in „Sundie" spricht Amerikanisch, kein Englisch. Ich verstehe ihn einfach nicht. Auch nach der Bitte „all twice and please slowly", wird's nicht besser.

Nach meinem freundlichen Hinweis, daß die allgemein übliche Sprache in der Fliegerei auf der ganzen Welt Englisch und nicht Südstaaten-Amerikanisch sei, kommt eine Dame an das Mikrophon. Nun verstehe ich. Sie reicht mich weiter an Sundie GCA, man verpaßt mir einen richtigen GCA-Anflug. Dabei sehe ich die Bahn schon 20 NM vorher. Aber ich spiele mit und lasse mich an der Schwelle absetzen. Die Frage des Controllers, ob ich nun wieder selber navigieren könnte, beantworte ich wahrheitsgemäß mit „ja".

„Sundie" besteht aus dem zivilen und dem militärischen Teil. Soviel ich sehen kann, wird der zivile mehr frequentiert. Die einhundert Dollar scheinen mir nur im Hinblick auf die derzeitig angegriffene finanzielle Lage der USA gerechtfertigt. Gut, mit der US Air-Force kann man nicht handeln. Aber was sich die SAS hier leistet, ist schon starker Tobak: 350 dkr habe ich für Handling-Service zu zahlen.

Der Service der SAS besteht darin, mich am Morgen um 9.00 Uhr aus dem Bett zu klingeln und mich aufzufordern, mein Flugzeug woanders hinzustellen, die DC-8 aus Kopenhagen würde kommen.

Irgendwann werde ich mich für diese 120,– DM rächen. Lande- und Abstellgebühren sind logo auch zu zahlen, Sundrestrom kostet mich 1045 dkr – ohne Sprit. Und der ist auch nicht billig. Ich habe Glück und treffe einen Fliegerkameraden aus Aachen, der auf die Berge klettert. Ich sehe, wie er mit großen Augen vor der D-KFVA steht – gehörte der Flieger doch einmal der Flugwissenschaftlichen Vereinigung Aachen.

Ist alles wie zu Hause in Grönland. Der Wetterbericht verheißt nichts Gutes, die Front zwischen Cape Dyer und Frobisher Bay ist eine von der ausdauernden Sorte. AIS Sundrestromfjord hat eine Direktleitung nach Cape Dyer, so versuche ich das Unmögliche und frage nach einer Permission für diesen USAF-Platz im Baffin-Land. Da sollte man nämlich wirklich nicht ohne diese landen, Cape Dyer liegt in der Dew-Line. Das ist so was wie die ADIZ, nur noch schlimmer.

Am Ende der Welt . . .

Cape Dyer diskutiert gar nicht erst mit uns, das „No" erlaubt keine weiteren Fragen. Mit dem Hinweis, ich sei ein Motorsegler aus Deutschland und wolle schnell nach Oshkosh, versuchen wir es später noch einmal. „No", ist die Antwort. Nachdem der Handling-Service mich am nächsten Morgen aus dem Bett gejagt hat, ist die Wetterlage noch immer traurig — aber bis Cape Dyer soll es traumhaft sein. Also rufen wir ein drittes Mal dort an. Ich will mir die Telex-Nummer vom Pentagon geben lassen und versuchen, eine Permission zu bekommen.

Der AIS-Mann guckt mich mit großen Augen an und sagt, Cape Dyer habe mir Landeerlaubnis erteilt. Verstehe einer diese Welt. Ich gebe den Flugplan auf, um 15.22 Uhr GMT bin ich in der Luft. Am Küstengebirge stauen sich die Wolken bis 14 000 ft — zu hoch für mich. Ich mogele mich zwischen den Türmen hinaus auf die See. Mit dem Holsteinborg-NDB fliege ich outbound Richtung Kanada. Red River Radar, auch eine Station in der Frühwarnkette, gibt mir noch eine Kursberichtigung, dann liegen wieder drei Stunden Wasser vor mir. Nach einer Stunde raste ich probehalber das Cape-Dyer-Beacon, und siehe da, es funktioniert.

In 8000 ft fliege ich ohne Sorgen meinem nächsten Ziel entgegen. Kurz darauf habe ich Funkkontakt zu Cape Dyer. Sollte dieser Flug endlich einmal ohne Schwierigkeiten ablaufen?

Er sollte. In Cape Dyer landet wohl alle Woche mal ein Flugzeug. Heute ist noch eine zweite Maschine im Anflug. „Have a look out for a RF5 — whatever that is", sagt der Controller zu dem Kameraden.

„What's that, a RF5?" Ich helfe weiter und erkläre. An sich habe ich einen Riesenplatz mit Atombombern, Raketen und ähnlich schlimmen Geräten in Cape Dyer erwartet, so geheim wie dieser Platz ist. Weit gefehlt — 3100 ft Gravel-Strip am Ende der Welt, das ist Cape Dyer USAF-Field. Die sind so geheim, daß sie selbst nicht wissen, was sie tun. Und überhaupt kein Militär, nur auf der Radarstation, 15 Meilen weiter auf dem Berg. Ein Haufen freundlicher Zivilisten empfängt mich.

Einer ist unfreundlich. Das ist George, der Field-Manager. Er springt im Dreieck und will meine Permission sehen. Meine Antwort, ich hätte sie telefonisch bekommen, befriedigt ihn nicht. Erst mal mache ich mit dem kanadischen Major Zoll. Er ist freundlich und macht es kurz. George murmelt etwas von „Fuckin' dirty tricks" und ist böse. Wenn George böse ist, soll man ihn toben lassen. Sagen die Leute, die ihn länger kennen. Aber „Fuckin' dirty tricks" soll er nicht sagen, mein Gewissen ist rein. So bestehe ich darauf, daß er in „Sundie" anruft und sich dort alles bestätigen läßt. Tut er aber nicht. Nach meinem Hinweis, schließlich wären wir als Deutsche auch in der NATO, beginnt er Papiere auszufüllen — Name, Adresse, wo und warum geboren, das Übliche.

Das Ganze per Telex nach Washington. Washington muß von meinen friedlichen Absichten überzeugt sein, jedenfalls hört man nichts Gegenteiliges aus dem Pentagon. Jetzt bin ich legal. George ist nun nett zu mir. Ich darf meinen kleinen Flieger sogar in seinen großen Hangar stellen. Kostet 25 US-Dollar. George teilt mir ein kleines Zimmer mit einem US-Air-Force-Bett zu. Kostet 67 US-Dollar. Essen und trinken kann ich, soviel wie ich will. Kostet 35 Dollar am Tag. Das Essen ist gut. Das Wetter nicht.

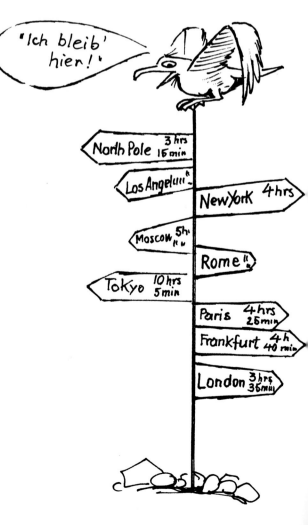

Tom, der Wetterfrosch, macht mir wenig Hoffnung für die nächsten Tage. So bringe ich den Abend mit George und seinen Kumpanen an der Polar-Bear-Bar zu. Das entschädigt für vieles. Am nächsten Tag kommt der Major von seinem Berg herunter und versorgt mich mit guten Karten und Tips. Ich frage ihn, wie ich denn wohl zu meiner Permission gekommen bin. Er sagt nichts, aber er grinst. Mich beschleicht der Eindruck, daß hier nicht die absolute Harmonie zwischen Amerikanern und Kanadiern herrscht.

Auf der Radarstation sind nämlich zwei gleichberechtigte Offiziere aus jedem Land. Zweimal haben wir wohl den Amerikaner am Telefon gehabt ... Am Nachmittag meint Tom, der Wetterfrosch, für die 300 NM nach Frobisher Bay müßte das Wetter langen. Ich habe zwar ein komisches Gefühl, aber wenn er es sagt?

Sprit habe ich noch für sechs Stunden, das muß langen. In Cape Dyer gibt's nur Jet-Fuel. Und solches für Autos. Das roch aber schon so komisch. George schreibt meine

Eis im Whisky ist besser als Eis am Flugzeug . . .

Rechnung — etwa 200 Dollar. Der Windsack ringelt sich um den Mast — der Start verläuft entsprechend. Ich mogele mich zwischen den Bergen durch und versuche dann, durch die großen, blauen Löcher über die Wolken zu kommen.

Die Berge sind bis 6000 ft hoch. Hier möchte ich wirklich keinen Motorausfall haben — Außenlandemöglichkeiten sind gleich null. Und dann sehe ich zum ersten Mal Eis am Flieger.

Es ist mir rätselhaft, woher das kam, aber es ist da. Klares Eis. Das ist das Signal zum sofortigen Rückzug. Ich mag Eis im Whisky, aber nicht am Flugzeug.

Armer George, da bin ich schon wieder. Heute begrüßen wir uns als alte Bekannte, Formalitäten sind auch nicht nötig, dies ist, sagt George, ein „Emergency" und Flas ist o.k. Eine Stunde später ist der Platz zu. So zu, daß man die Hand vor Augen nicht sieht. Bin ich froh, daß ich sofort umgekehrt bin.

Sagt ruhig, ich wäre abergläubisch, bisher hat es fast immer gestimmt, wenn ich vor dem Start so ein komisches Gefühl hatte.

Tom meint, die nächsten Tage kann ich vergessen. Er irrt — am nächsten Morgen ist der Tag des Herrn. Zur Sicherheit schütte ich noch 30 l Mogas in den Tank und mache mich auf den Weg nach Frobisher.

Nach zwei Stunden weicht die schreckliche, tote Gebirgslandschaft etwas freundlicherer Tundra.

Diese zwei Stunden gehen aufs Gemüt — bloß keine Außenlandung hier. Jetzt begreife ich, warum die Kanadier es mit der Notausrüstung einschließlich Schießgewehr so genau nehmen. Kann sein, daß man einige Zeit hier verbringen muß, sollte man die Landung überleben. Ist im Zweifelsfalle sicher auch besser, den Bären zu essen, statt umgekehrt. Etwa 150 Meilen vor Frobisher zuckt nach langer Zeit mein VOR wieder. Der Rest ist ein Kinderspiel — nach 2 Stunden und 56 Minuten lande ich in Frobisher. Das Wetter ist immer noch schön. In Frobisher tanke ich und fliege sofort weiter nach Fort Chimo. So stell' ich mir Fliegen vor — Sicht über 100 Meilen, ADF und VOR zeigen fröhlich die Richtung. Die Hudson-Street zieht unter mir durch, und bald erreiche ich die Ugava-Bay.

Nach 3 h 57 erreiche ich Fort Chimo. Hier lerne ich erst einmal, auf unkontrollierten Plätzen in Kanada zu landen. Fort Chimo Radio steht nicht am Platz, sondern fünf Kilometer weiter in der Stadt. Jeder sagt seine Position und fädelt sich selbst ein. Mit mir im Anflug war eine Twin Otter und eine 737.

Funktioniert hervorragend, weil man den Piloten hier erlaubt, mitzudenken. Mich durchzucken schon wieder ketzerische Gedanken. Wenn man in Deutschland vielleicht auch mitdenken dürfte? Ist ja Quatsch. Was sollten dann die Flugleiter auf den kleinen Plätzen machen?

Fort Chimo hat einen schönen Flugplatz. Die „Stadt" ist nicht so schön. Das einzige Hotel kostet 100 Dollar die Nacht. Gäbe man mir 200, ich würde trotzdem dort nicht schlafen. Mein Zelt ist sauberer. Die Inuit Airline (Inuit heißt Eskimo) fliegt hier mit einem Haufen Twin Otter und einer DC-3. Ich frage nach einem Hallenplatz. Kostet 100 Dollar. Hier scheint einfach alles 100 Dollar zu kosten.

Ich verzichte. Dann erscheint Alice. Alice aus dem Wunderland. Alice nimmt mich erst mal mit zu Don Henderson, ihrem Freund, der Pilot bei Air Inuit ist. Es gibt Essen, Trinken und tolle Geschichten. Dann besorgt Alice ein Zimmer im Staff-Haus der Air Inuit.

Die Piloten raten mir, nach Great Whale und Fort George zu fliegen, Richtung Schefferville gibt's Gewitter. Soll auch leicht zu finden sein, den Kaniapiskau-River hoch, am Clearwater-See vorbei und dann die James-Bay nach Süden entlang. Die Wettervorhersage ist gut, nachdem Alice sogar einen Euro-Scheck akzeptiert und ich so meine letzten Dollars in Essen und Benzin anlegen kann, bin ich gegen 10 Uhr Ortszeit in der Luft. Nun erlebe ich etwas, was ich schon nicht mehr kenne: 25 kts Rückenwind.

Ein herrlicher Flug — immer den Fluß hinauf, traumhaftes Wetter und Rückenwind. Der Flieger schnurrt, die Radios spielen — Herz, was willst du mehr. In weniger als zwei Stunden bin ich am Clearwater-See.

Der Teufel aber ist ein Eichhörnchen. Ich treffe eine Warmfront. Drüberweg geht nicht, untendurch auch nicht, unter 500 ft fliegen, mag ich erst recht nicht. Ich bin sauer und drehe um. Um das Maß der Güte vollzumachen, kotzt mein Motor einmal kräftig. Ich weiß nicht, wie lange — ich glaube, nur eine Sekunde. Kam mir aber vor wie eine Ewigkeit. Jedenfalls schoß mir das Adrenalin in den Körper.

Ich bin 600 ft hoch, einzige Landemöglichkeiten sind die vielen Seen. Ich hänge mit den Ohren im Motor, meine Augen kleben auf den Instrumenten. Wie sagte doch der alte Kapitän? Bei starken Turbulenzen gibt es keine Heiden im Flugzeug. Der Mann hat recht. Ich rufe alle Götter an und sage, sie sollen doch sowas nicht machen. Der Limbach tut jetzt so, als könne ihn kein Wässerchen trüben. Ich verspreche ihm alles mögliche — neue Kerzen, neues Öl, alles, was er will.

Wie man nachts in die Bank kommt . . .

Für den Fall, daß er nicht will, sage ich ihm, daß er nicht mit ins Boot kommt. Er wird in einem dieser Seen versaufen, wenn er nicht läuft. Ich steige auf 5000 ft und fliege zurück nach Fort Chimo. Der Limbach kotzt noch einmal. Dann bin ich wieder am Platz. Zwei Stunden hin, drei Stunden zurück, Nerven kaputt.

Schöner Tag heute. Ich melde mich bei Alice zurück. Mein Zimmer ist noch frei. Dann löse ich mein Versprechen ein und checke den gesamten Motor durch. Es ist natürlich nichts zu finden, alle Filter sind sauber, der Magnet funkt, die Kerzen sind tadellos, Ventile richtig eingestellt, der Vergaser ist sauber. Ob er wohl das Benzin aus Cape Dyer nicht mag?

Aus lauter Verlegenheit breche ich das Abschiedsgeschenk der Firma Limbach – das Erste-Hilfe-Set – an und gebe eine Runde neue Kerzen. Der anschließende Standlauf ist einwandfrei. Ich hole noch einmal Wetter. Nach Schefferville soll es nun gehen. Aber jetzt hat die Tankstelle keinen Strom. Die Frage, wann es wieder Sprit gibt, beantwortet der Elektriker wortlos mit einem Bündel Kabel, etwa 36 Stück. Der Schaltplan ist jedoch leider weg. Das wird wohl bis zum nächsten Morgen dauern. Alice ist ein echtes Ereignis – sie hat inzwischen organisiert, daß mir die Mechaniker aus der DC-3 100 l abzapfen. Leider ist es schon zu spät, so warte ich lieber bis morgen auf Sprit aus der Tankstelle. Bei der Überprüfung meiner Barschaft stelle ich fest, daß solche nicht mehr vorhanden ist. Kreditkarten nimmt man hier nicht und Euro-Schecks sind unbekannt. Das ist bitter.

Ein älterer Herr sieht mein dummes Gesicht und fragt nach meinen Nöten. Paul Gerome ist, wie ich später erfahre, Kommissar für „Inuit and Indian Affairs", was immer das ist. Jedenfalls war er nach Ende des Krieges in Hamburg und hier wohl für andere Affären zuständig. Nun nahm er sich meiner an. Er meinte zwar, ich hätte einen Nagel im Kopf, mit so einem Flugzeug nach Amerika zu fliegen, aber er sorgte dafür, daß Michel abends um acht seine Bank wieder öffnete und mir auf einen Euro-Scheck 150 Dollar gab. Wenn ich mir vorstelle, ich würde zu Hause um acht Herrn Stüdemann von meiner Bank fragen, ob er einen amerikanischen Scheck .... lassen wir das.

Langsam hat sich die Kunde von dem komischen Flugzeug in Fort Chimo verbreitet. So verbringe ich den Rest des Tages mit Erklären und Männchenmachen (fürs Foto). Um 22.00 Uhr läuft dann auch die Tankstelle wieder.

Das Wetter sieht am nächsten Morgen gut aus. Weiter nach Schefferville. Einmal meldet sich mein Motor noch zu Wort, dann läuft er für den Rest des Fluges wieder wie eine Nähmaschine. Ich habe so um die $5/8$ Bewölkung und fliege gemütlich in 7000 ft. Endlose Wälder und Seen liegen unter mir. Keine Straße, keine Eisenbahn, kein Zeichen menschlichen Lebens. Nach zwei Stunden erreiche ich Schefferville. Die Navigation ist einfach, hier stehen wieder überall VORs. Die NDBs sind hier recht unterschiedlich. Meist sind sie schwach. Das Wetter macht immer noch einen guten Eindruck, so gebe ich über Funk den Flugplan weiter nach Wabush auf. 50 Meilen vor Wabush ist dann wieder Feierabend.

Die Hügel unter mir sind bis zu 2000 ft hoch, teilweise liegen die Wolken auf. Drüberweg geht auch nicht, also zurück nach Schefferville. Als ich mich dort anmelde, sagt man mir, ich solle unter die Wolken gehen, manchmal würde der Platz zuziehen. Ich wollte lieber oben bleiben, aber Schefferville bestand darauf. Was dann kam, war gar nicht schön. In 1500 ft kurve ich zwischen den Hügeln umher, muß Schauern ausweichen und habe dazu noch mit erstklassiger Turbulenz zu kämpfen.

Nun fragt dieser Mensch mich auch noch zu allem Überfluß nach meiner Position! Wär' ich froh, wenn ich das wüßte. Überall nur Seen und Wälder. Und da, wo ich die Eisenbahn vermute, Regen. Zum Glück zeigt mir das VOR den Weg. Nach zwei Stunden Kampf erreiche ich Schefferville. Vor mir fliegt eine Beaver auf Floats. „That's a really nice plane, have a look at the Squaw Lake", ruft mich der Pilot. Den Gefallen tu' ich ihm gerne, ich drehe eine Ehrenrunde über dem Wasserflughafen und lande in Schefferville.

Die Stadt lebt von der Eisenerzförderung und sieht auch so aus – alles ist rot vom Erzstaub. Ich frage im Tower, warum man mich zu dem Abenteuerflug unter den Wolken eingeladen hat und erfahre, daß es in Kanada kein VFR on top gibt.
Sorry, das wußte ich nicht. Man fliegt hier auch nicht nach Standard-Höhenmessereinstellung, sondern immer mit dem QNH des nächstgelegenen Platzes. Das Wetter für die nächsten Tage sieht böse aus. Inzwischen schreiben wir den 1. August 1980. Am 3. August öffnet Oshkosh seine Pforten. Und ich sitze in Schefferville fest.

„Big Fritz" ist Deutscher und lebt am Squaw Lake mit seiner Frau und Andreas, seinem Sohn. An sich heißt er Fritz Gregor, aber so nennt ihn hier keiner. Frau Fritz reagiert schon nicht mehr auf Gregor. Die Fritzens haben ein Outfitter-Camp. Sie lassen Angler und Jäger mit Wasserflugzeugen in abgelegene Camps fliegen, und sie geben mir ein Bett, Essen und Trinken. Überhaupt sorgt „Big Fritz" die nächsten Tage für mich wie ein Vater für sein krankes Kind. Während ich keine Chance zu fliegen entdecken kann, fliegen die Piloten der Beaver und Otter von Sonnenaufgang bis Sonnenuntergang. Und finden aus den tausend Seen sogar noch den richtigen heraus.
Allerdings haben sie einen entscheidenden Vorteil: Mit Floats kann man hier alle paar Meter landen. Ohne könnte ich das nur einmal.
Nachdem ich eine mächtige Lücke in Big Fritz' Speisekammer geschlagen habe, scheint vier Tage später die Sonne. Der Indianer hat's vorhergesagt. „Wenn der Wind 20 Grad dreht, kannst du fliegen." Seit langer Zeit die erste zutreffende Wettervorhersage. 3h20 fliege ich nach Sept Iles, Seven Islands – dann bin ich endlich am St. Lorenz-River!
Von Schefferville führt eine Eisenbahnlinie nach Seven Islands. Auf dieser Strecke sind sogar Außenlandemöglichkeiten – aus der Zeit des Eisenbahnbaues stammen zahlreiche, nicht mehr benutzte Strips entlang der Bahn. Und die sehen alle recht ordentlich aus. Aber ich brauche sie nicht. Statt Landegebühren gibt's in Seven Islands eine Mappe mit allen Informationen über die Stadt, und überhaupt habe ich in Kanada nirgends Landegebühren zahlen müssen.
Leider bleibt keine Zeit, die Stadt anzusehen – ich muß weiter. Ich fliege den St. Lorenz River hinauf Richtung Quebec. Als ich die Genehmigung zum Durchflug der Kontrollzone von Bai Comeau erbitte, kommt die übliche Frage: „Romeo Fox Five, what kind of aircraft is that?". Ich erzähle es ihm. „KFVA – are you in a hurry?". Klar bin ich in Eile. Aber die Bitte um einen Überflug mag ich nicht abschlagen. „That's a really nice plane, have a nice trip to Oshkosh."
Nette Leute hier. Dann wird es schnell dunkel, der nächste Platz ist meiner. Rivere du Loup nimmt mich für die Nacht auf. Ich nutze die kurze Zeit und laufe durch die kleine Stadt. Wie alles in der Provinz Quebec strahlt die Stadt französischen Charme aus. Überhaupt ist alles sehr französisch. Ich bedaure ehrlich, nicht mehr Zeit zu haben. Das Wetter für den nächsten Tag sagt Dunst und „70% chance for thunderstorms" voraus. Aber bis Quebec müßte es gehen. Jetzt gibt es auch wieder jede Menge Alternates auf dem Weg.
Genau 1 h 20 brauche ich bis Quebec. Eine Stunde später bestätigen mächtige Gewitter die Vorhersage. Ich finde einen Platz in der Halle und treffe Major Blackburn von der Canadian Air Force.
Der Major fliegt vom Jet bis zum Hubi alles, was fliegen kann und ist Besitzer einer „Seabee". Außerdem ist er Boß aller Kadetten in Quebec. Kadetten sind Jugendliche im Alter von 12 bis 22 Jahren, die ihre Ferien bei der Air Force, Army oder Navy verbringen. Nicht kriegerisch, sie können hier so sinnvolle Sachen wie Segelfliegen, Segeln, Fischen und Jagen lernen. Und das Ganze kostet sie keinen Pfennig.
Major Blackburn lädt mich zu einer „Really Canadian Party" ein, was immer das sein mag. Vorher ruft er aber noch eine Zeitung an. Hätt' ich geahnt, was auf mich zukommt!
Das erste Interview schmeichelt mir, ebenso das erste Fernsehinterview. Als ich meine Geschichte zum fünften Mal erzähle, artet das in Arbeit aus. Dann flüchten wir in das Army-Camp und feiern kanadisch.

Es ist ein Fest der „Veteranen" im Alter von 30 bis 60. Aber nicht so schlimm militärisch. Ich werde herumgezeigt und bin dann auch gleich „Ehrenkadett" der kanadischen Air Force.

Gegen Mitternacht muß ein Journalist noch Bilder von der RF5 machen, so fahren wir die zwanzig Meilen zum Flugplatz. Das Fest endete in den frühen Morgenstunden mit deutschen Volksliedern.

Um halb acht klingelt das Telefon. Ich gebe mein erstes Live-Interview im Radio. Alles hat eine gute Seite − ich bin hellwach und stehe um 9.00 Uhr am Flugzeug. Leider nicht alleine. Geheimnisvolle Mächte haben Presse aller Couleur zur RF5 geführt. Ich ahne Böses für den Rest des Fluges. Um 11.00 Uhr platzt mir der Kragen − in zwei Tagen ist Oshkosh zu Ende. Ich werfe nach zweimaliger Warnung den Motor an. Das schafft Platz. Der längste Flug der Strecke liegt vor mir − die 550 Meilen nach Toronto will ich nonstop fliegen.

Und heute läuft es. Ein herrlicher Flug, den St. Lorenz hoch, an Montreal vorbei, Ottawa taucht auf. Im Funk höre ich, daß mich eine Cessna 172 einer Fernsehstation verfolgt. „What's the position of this German glider?", höre ich sie fragen. „50 miles, 12 o'clock position", sagt der Radarlotse. Zehn Minuten später. „What is the position of the glider now?" − „49 miles 12 o'clock." „What kind of glider is that, damned, he is so fast." Ich kläre den Kameraden auf. Er begreift, daß er seiner 172 schon die Sporen geben muß, um mich zu fangen. Ich kann nicht warten, die prächtigen Cbs stehen schon wieder in der Gegend herum. Nach mehr als 2½ Stunden hat er mich. Ich setze mein freundlichstes Lächeln auf und hoffe, daß mich die 172 nicht abschießt, so wild, wie die um mich herumkurven. Dann lassen sie ab von mir, der Sprit ist alle. I am so sorry ...

Die nächsten, die mich jagen, sind schlauer, sie nehmen gleich eine 185.

Ich fliege über die Niagara-Fälle, passiere Kingston am Ontario-See und schalte um auf Toronto Control. Inzwischen ist das Wetter auf VFR-Minimum zurückgegangen. Toronto Control führt mich mit Radar. Als ich auf die nächste Frequenz umschalte, empfängt man mich in Deutsch.

„Ich bin von der Schwäbischen Alb, vor 20 Jahren ausgewandert. Wir haben dich gerade im TV gesehen. Herzlichen Glückwunsch von allen Controllern in Toronto", so tönt es in reinstem Schwäbisch aus dem Funk.

Langsam begreife ich, daß wohl nicht jeden Tag einer mit einem Motorsegler aus Deutschland hier vorbeikommt.

Ich werde direkt nach Toronto Island, dem General-Aviation-Platz, geführt. Dann sehe ich aus dem Dunst die Blitze der Landebahn. Und ein heiliger Schreck durchzuckt mich − die

Bahn führt direkt in den Himmel — im wahrsten Sinne des Wortes. Ein riesiger Turm steht vor mir — sinnigerweise mit Blitzen, die von unten nach oben ziehen, ausgerüstet. Dann sehe ich die Bahn wirklich, sage meinen Vers auf und bin nach 5 h 40 wieder auf der Erde. Und dann bricht es endgültig über mich herein — TV-Übertragungswagen und eine Unmenge von Reportern säumen das Feld.

Zuerst denke ich noch, die meinen mich gar nicht. Als sich die Meute geschlossen auf mich stürzt, scheint eine Verwechslung ausgeschlossen.

Ich spiele mit, obwohl ich recht erschöpft bin. Es werden einige gute und viele dumme Fragen gestellt. Und es geht live ins TV. So lernt man, richtig Englisch zu sprechen.

Es ist schon erstaunlich, was die Fliegerei hier für einen Stellenwert hat. Nach drei Stunden und dem Versprechen, meine Hoteladresse im Tower zu hinterlassen, verschwinde ich. Ich will etwas Ruhe haben und sage niemandem, wo ich wohne.

Im Taxi höre ich meine Stimme aus dem Radio und denke nichts Böses. Als ich im Hotel unter der Dusche stehe, haben sie mich. Der Taxifahrer hat gepetzt. Das Telefon klingelt, an der Tür klopft es. Der am Telefon sage ich, ich müßte mich trocknen, der an der Tür, ich müßte meine Hose anziehen. — Dann wechsle ich das Hotel. Hilft aber nichts, sie finden mich wieder.

Irgendwie bewundere ich die Leute, sie verstehen ihren Job. In einer kleinen Bar finde ich Ruhe. Später rufe ich Jutta in Deutschland an. Sie sitzt seit Tagen auf den gepackten Koffern, wir wollen uns in Oshkosh treffen. „Morgen bin ich da", sage ich Optimist.

Nur das Wetter ist wieder einmal entgegengesetzt der Vorhersage — 500 m Sicht und mächtige Gewitter auf dem Weg. So sichte ich die Zeitungen und stelle fest, daß meine Haare einen Friseur brauchen, und freue mich, wie mir einer der Fernsehleute ein Videoband mit dem Interview als Erinnerung schenkt.

Morgen ist Sonnabend, der 9. 8., letzter Tag in Oshkosh. Was soll's, ich werde mir auf den letzten 500 Meilen nicht den Hals brechen und bei ungewissem Wetter losfliegen. Und wenn ich nicht rechtzeitig da bin, mein Ziel werde ich trotzdem erreichen. Lieber einen Tag zu spät, als ein ganzes Leben lang tot.

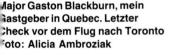

Major Gaston Blackburn, mein Gastgeber in Quebec. Letzter Check vor dem Flug nach Toronto Foto: Alicia Ambroziak

Böse Boote . . .

Am Sonnabend hat der Wettergott ein Einsehen — es herrscht das absolute Traumwetter. Etwas mißtrauisch stehe ich am Anfang der 800 m langen Bahn. Der Abflug ist hindernisfrei, das müßte gehen. Nach 750 m fliegt der Vogel — und mich trifft der Schlag. Gemächlich fahren drei Segelyachten mit 50 ft hohen Masten vor mir vorbei! Ich hasse es, mit wenig Fahrt und viel Gewicht Bodenakrobatik zu machen, aber das ist meine einzige Chance. Durch die offenstehenden Fenster der Häuser bekomme ich kanadische Frühstückstische und erstaunte Gesichter zu sehen. Dann lasse ich den Flieger steigen. Sekunden, die zu Stunden werden, — ich zittere, das war eng! Die guten Wünsche von Toronto Control begleiten mich, ich fliege über London und bin kurz darauf in den USA.
In Muskegan, an der Ostküste des Michigan-Sees, wartet der Zoll auf mich. Die Prozedur dauert fünf Minuten — statt der üblichen genauen Kontrolle genügt meine Unterschrift auf dem mitgebrachten Zeitungsausschnitt. Der Zollbeamte braucht's für seinen Sohn.
Noch 1½ Stunden bis Oshkosh!
Zum letzten Mal geht es über Wasser — genau 45 Minuten ist der Michigan-See breit! Ich passiere Milwaukee, da läuft schon das Oshkosh-VOR ein. Mich überfällt ein ungeheures Glücksgefühl — ich habe es geschafft.
Vier Wochen Warten und harte Fliegerei sind vergessen. Oshkosh, ich komme! Denkste. Ich höre die ATIS ab. Die sagt, Oshkosh ist geschlossen.
Das ist doch wohl ein böser Scherz! Vorsichtig melde ich mich über Funk. „Sorry Sir, we are closed." Sie wollen erst nach Sunset wieder aufmachen! „Sir, ich bin vier Wochen

unterwegs, und meine Frau müßte auch schon da sein. Können Sie nicht ein kleines bißchen aufmachen?" – „Are you the German powered glider?" – „Yes Sir, I am." „Sag das doch gleich, wir warten auf dich, die Bahn 27 ist ab sofort für die D-KFVA geöffnet." Dann sehe ich sie, die 27 von Oshkosh. Ich melde langes Endteil. „Have a look for a DC-9 on short final", sagt der Controller. Ich sehe keine DC-9 und drehe vorsichtshalber ab. Der Controller sagt, die DC-9 ist gelandet. Ich sehe immer noch keine DC-9. Oh, shit, das ist mir peinlich – das ist nicht Oshkosh, das ist Fond du Lac! Meine Karte ist gerade hier zu Ende, und über Fond du Lac steht groß Oshkosh.

Gemeint ist damit das VOR! Ich gestehe dem Controller. „Don't tell this my friends", bitte ich ihn.

Die Jungs haben was zu lachen, ich habe rote Ohren.

Und dann sehe ich die richtige 27, die von Oshkosh. Ich lande. Mein größtes Abenteuer ist zu Ende.

Glaubt mir, ich könnte schreien vor Freude.

Ich habe es geschafft.

Ich, mein Flugzeug und alle die, die mir zu Hause vertraut und geholfen haben. Der „Follow me" bringt mich zum Tower.

Dann schlägt Amerika über mir zusammen. Jutta ist da, Paul Poberezny, EAA-Nr. 1, schlägt mir auf die Schulter, wir drei stellen uns den Fotografen.

Ich spüre die Begeisterung der Leute um mich herum. Meine RF5 ist unter einer Woge Menschen verschwunden. Nach Miro Slovak, der 1969 mit einer RF4 von Paris nach New

Amerika erdrückt die RF5 —
endlich in Oshkosh
Foto: M. Schultz

York flog, ist meine RF5 der erste Motorsegler, der von Europa in die USA geflogen ist.
Nachdem sich der Wirbel ein wenig gelegt hat, suchen Jutta und ich ein Hotel. Wir wollen
eine Woche richtig Urlaub machen. Die RF5 wird zum Doppelsitzer zurückverwandelt. Wir
besuchen die deutsche Kunstflug-Nationalmannschaft in Antigo, 80 Meilen nordwestlich
von Oshkosh, und genießen die unkomplizierte Art, wie hier geflogen wird.
Kein respektheischender Flugleiter sitzt auf den kleinen Plätzen. Wer Funk hat, meldet
sich über „Unicom" auf der 122.8 und sagt, wo er gerade starten oder landen will. Wer das
gleiche vorhat, hört es dann.
Wer keinen Funk hat, benutzt halt, wie in alten Zeiten, Augen und Kopf. So einfach geht
das. Amerika, Du hast es besser. Keiner macht eine halbe Stunde vor Sonnenuntergang

Empfang in Oshkosh: EAA-Boß
Paul Poberezny begrüßt uns

den Platz zu. Wenn es dunkel ist, drückt man fünfmal auf die Sendetaste. Dann geht am Platz das Licht an. Bei sechsmal wird es ganz hell. Nach 15 Minuten geht es wieder aus. Landegebühren? Was ist das? Wenn ich den Piloten hier erzähle, wie das bei uns geht, lachen sie mich aus. Sie glauben, ich würde sie verkohlen, wenn ich erzähle, daß jedes Flugzeug Funk haben muß.

Dabei will ich sie gar nicht verkohlen. Die, die verkohlt werden, das sind wir, die wir alles kritiklos hinnehmen, was uns angetan wird. Amerika ist das Land der Flieger. Wir genießen es.

Dann heißt es Abschied nehmen von unseren Freunden in Oshkosh, die uns so herzlich aufgenommen haben. Paul Poberezny, der Boß, der so anders ist, als viele von den Bossen, die ich in Deutschland kenne, sei stellvertretend für alle genannt. Und Bauken, der eine Nacht in Milwaukee mein zerbrochenes Rad repariert hat.

Die Lufthansa, Jutta arbeitet für sie, will meinen Flieger nach Deutschland zurückbringen. Aber wir müssen die RF5 nach New York, John F. Kennedy-Airport fliegen. Jutta und ich nehmen die 1000 Meilen in Angriff. Ein letztes Mal genießen wir die amerikanische Art zu fliegen. Als ich am J. F. K. frage, ob ich denn mit dem kleinen Flieger dort landen kann, versteht man meine Frage nicht. „Ich fliege einen Motorsegler." — „Wollen Sie hersegeln?" — „Nein." Kein Problem, ich soll nur kommen, sagen sie.

In Frankfurt habe ich achtmal gefragt. Da wollen sie mich nicht. Weil soviel Verkehr ist. Gegen J. F. K. ist Frankfurt Provinz. Wir landen ohne Probleme in New York, man sortiert uns einfach zwischen den Jumbo's und DC-10 und wie sie alle heißen, ein.

Sicher flog die B17 auch schon einmal über den Atlantik — aber nicht zum Spaß . . .
Foto: M. Schultz

Büroschlaf

Nur das Rollen auf diesem Riesengelände – ich verfahre mich und stehe Auge in Auge mit einer 747 auf dem Taxiway. Der Kapitän und ich blinzeln uns zu – ich verstecke mich wieder im General Aviation Terminal und rufe um Hilfe. Ich schwöre, ohne „Follow me" rühre ich mich keinen Meter von der Stelle. Hinter dem rollen wir dann 15 Minuten zur Lufthansa-Cargo-Halle.

Bis in die Nacht bauen wir den Flieger auseinander. Das ist ein hartes Stück Arbeit. Wer schon mal eine RF5 auseinandergenommen hat, weiß das.

Mr. van Dyck, Maintenance-Boß bei Lufthansa, zieht sein weißes Hemd aus und liegt mit uns unter dem Flieger. Überhaupt sind alle sehr hilfsbereit.

Der Cargo-Manager zaubert irgendwo ein Bett her, wir können die Nacht im Lufthansa-Büro schlafen. Sag' ich doch immer, der Büroschlaf ist der beste. Als wir morgens mit

Brüderliche Hilfe – die RF5 im gewaltigen Rumpf der Lufthansa-Cargo-747
Foto: M. Schultz

unserem Schlafsack in der Tür stehen, gibt es doch einige erstaunte Gesichter im Büro ...
Gegen Mittag steht der Flieger auf der Palette, am nächsten Morgen fliegt er mit dem
Frachtjumbo voraus nach Deutschland. Schade, wir beide wären gern zurückgeflogen,
aber die Zeit und das Geld reichen nicht. Träum' ich also weiter. Vielleicht klappt es doch
noch einmal in umgekehrter Richtung, in einem Motorsegler, versteht sich ...
Am Abend sitzen Jutta und ich auch im Jumbo. Kapitän Übler und seine Crew heißen alle
Passagiere an Bord willkommen. Kapitän Übler? Ich glaub', ich hör' nicht richtig. Ihr
erinnert Euch? Mit ihm flogen wir nach San Francisco, heiße Tips holen. Ich vergesse mein
Essen, da muß ich rauf! Ich stehe im Cockpit.

Geht denn das?

Kurz vor Kulusuk
Foto: M. Schultz

Der Kapitän erkennt mich und fragt, wie es denn um meinen Plan stünde. „Gut", sage ich. Was ich denn hier machen würde, fragt er. „Zurückfliegen." Der große Kapitän macht große Augen. „Sind Sie etwa mit Ihrem Motorsegler wirklich . . .?" Ich sage „ja". Fragt mich der Kapitän: „Ja, geht denn das?" Ja, es geht. Wenn man gut vorbereitet ist und das Wetter mitspielt. —
Ich würde es gleich noch mal machen.

Großer Bahnhof in Hamburg, der
Rückflug war einfach
Foto: Gunnar Schultz

Canada on the Rocks

Jonny May fragt, ob ich „Taildragger" (Spornradflugzeuge) fliegen kann. Durch einfaches Beantworten der Frage mit „Ja" bin ich eine Woche Pilot seiner Beaver. Zwar ehrt mich das Vertrauen, ein bißchen komisch ist mir aber schon, als ich plötzlich zur Einweisung hinter dem 450-PS-Sternmotor sitze. Und Jonny hat auf dem „Beifahrersitz" keine Seitenruderpedale. Entweder hält er große Stücke von mir — oder seiner Beaver. Der Flieger steht auf Skiern. Die sind im Moment hochgefahren, die Piste von Fort Chimo ist frei. Na gut, Flugzeug ist Flugzeug. Ich schiebe die „Gase" rein — und ab geht die Post. Etwas drücken, der Schwanz kommt hoch — und schon fliegt das Ding. Und wie es fliegt! Kaum Ruderdrücke, der Prop dreht bei Reiseleistung mit 1800 U/Min — so ein alter 9-Zylinder-Sternmotor ist schon eine solide Sache.

Wieso ich auf einmal im hohen Norden Kanadas in einer Beaver sitze? — Das kam so: Zweimal war ich in Ft. Chimo und habe ein bißchen Land und Leute kennengelernt. Jonny ist Halbeskimo und einer der nettesten Kerle, die ich je getroffen habe. Als ich letztesmal hier war, habe ich ihm einen Flug abgebettelt. Und dabei habe ich einen Eindruck von der Fliegerei in dieser Ecke der Welt bekommen. So stark war dieser Eindruck, daß ich Jonnys Einladung, einmal etwas länger hierzubleiben und mit ihm zu fliegen, unbedingt annehmen mußte. Als dann auch die „aerokurier"-Redaktion grünes Licht gab, war ich auch schon unterwegs. Endlich einmal in Ruhe alles kennenlernen, ohne Zeitdruck, und hier fliegen. Fort Chimo, oder, wie es jetzt offiziell heißt, Kuujuak, liegt so etwa 1200 Meilen nordöstlich von Quebec City und gehört zu den „North-West-Territories" von Kanada. Der Norden Kanadas — das sind hunderte von Meilen mit gar nichts, dazwischen unendlich viel herbschöne Landschaft, Seen, Wälder, Flüsse. Viel Land und Wasser, was noch keines Menschen Fuß betreten hat. Wundervolle Sommer, nur getrübt durch kriegerisch veranlagte Moskitos, harte, lange Winter. Temperaturen unter minus 40 Grad — aber auch wochenlang Sonnenschein, blauer Himmel und eine Luft, die es bei uns schon lange nicht mehr gibt. Trappern und Jägern, Eskimos und Indianern gehörte dieses Land vor 50 Jahren. Spezialisten, die hier ums Leben und Überleben gekämpft haben. Und die über hierzulande veranstaltete „Survival"-Lehrgänge sicher nur kurz gelacht hätten. Dann zog

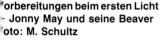

Vorbereitungen beim ersten Licht – Jonny May und seine Beaver
Foto: M. Schultz

die sogenannte „Zivilisation" ein. Mit ihr kam der weiße Mann, der Schnaps und alle Begleiterscheinungen unserer Kultur. Gutes hat sie den Eingeborenen nicht angetan. Man nahm ihnen den Lebensraum, hat ihnen die Wälder abgeholzt, die Wale weggefangen. Die Karibus wurden auf jämmerliche Reste zusammengeschossen, Robbenfängerflotten dezimierten den Bestand, Trawlerflotten fischten die Küsten leer. Nicht der härteste Eskimo konnte unter diesen Bedingungen überleben. Dazu dezimierten bisher hier unbekannte Krankheiten die Eingeborenenzahl – und eine gewöhnliche Grippe brachte sie um. Ganz zu schweigen von Tuberkulose und Geschlechtskrankheiten. Kurz – die Zivilisation hat auch hier kräftig zugeschlagen.

Als man dann endlich sah, was da angerichtet wurde, half die Regierung. Mit Geld. Aus den Iglus wurden feste Häuser, die ersten Siedlungen entstanden – und die weißen Händler kamen, um das Geld wieder abzuholen. – Vielleicht eine etwas vereinfachte Darstellung, im Kern aber zutreffend.

Und dann fand man Bodenschätze. Städte wie Schefferville hatten plötzlich 50 000 Einwohner. Eisenerz wurde gefördert. Bis im letzten Jahr plötzlich das in Brasilien geförderte billiger war. Und nun kann man da ein Haus am See für 10 000 Dollar kaufen. Kein Mensch interessiert sich für das Schicksal der plötzlich in dieser Einsamkeit arbeitslos gewordenen Menschen.

Zurück nach Ft. Chimo. Jonny Mays Air Charter versorgt Eskimosiedlungen im Umkreis von etwa 700 Meilen. Außerdem im Sommer einige „Outfitter-Camps" – Angler und Fischer machen hier traumhaft schönen und ebenso teuren Urlaub – und die Regierung vergibt zahlreiche Aufträge an die Charterer. So werden vom Flugzeug aus die Karibu-

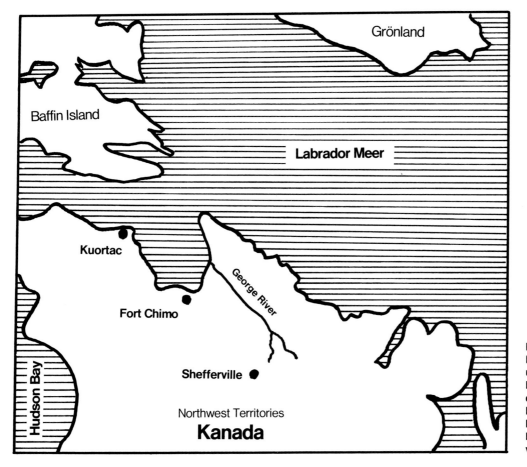

Nur die Buschpiloten mit ihren Flugzeugen können in der unendlichen Weite Nordkanadas die Versorgung der Eskimos gewährleisten. Die Karte zeigt das Gebiet um Fort Chimo, von wo aus Jonny Mays Air Charter im Umkreis von 700 Meilen im Einsatz ist

Herden gezählt, die Anlagen des riesigen Hydro-Projekts — unendlich große Gebiete wurden eingedämmt, Unmengen Strom gewonnen — werden aus der Luft versorgt. Der Norden Kanadas könnte ohne seine Buschpiloten einfach nicht mehr leben.

Außer Jonny und mir sitzen Steini und Willi, der Eskimo, in der Beaver. Steini ist so 1,60 m groß und 71 Jahre alt. Ich hätt' ihn vielleicht auf 50 Lenze geschätzt. Jonny hat mal bei Steini das Fliegen gelernt. Das war vor etwa 30 000 Flugstunden. Und Steini ist ein begnadeter Metallhandwerker. So verbringt er den Winter bei Jonny May und repariert die Floats (Schwimmer) der Beaver, die im Sommer unangenehme Bekanntschaft mit einem Felsen gemacht haben. Den Felsen hat das nicht tangiert, die Floats sind an sich hin. Da so ein Satz Schwimmer jedoch so um die 20 000 Dollar kostet, läßt Steini sich einiges einfallen.

Ich habe einige Probleme, mich zu orientieren. Jonny hilft mir. Wir fliegen so um die 150 ft hoch, normale Arbeitshöhe für die Beaver. Die Augen meiner Mitflieger streifen durch die Landschaft. Sie suchen nach Wildspuren. Ich bemühe mich, meinen Kurs zu halten. Heute ist das Wetter gut, klar trennt sich die schneebedeckte Landschaft von dem strahlend blauen Himmel — Traumwetter für mich, den Anfänger unter den Buschpiloten. Wir überfliegen den ersten Fluß. Jonny weist mich an, höher zu gehen. Wie das, die fürchten nicht Tod und Teufel, aber soviel Theater für 300 m Wasser? Der Grund: Eskimos können nicht schwimmen! Das haut mich vom Hocker, habe ich doch gedacht, die schwimmen wie die Fische. Weit gefehlt, erklären sie mir, keine Gelegenheit, schwimmen zu lernen. Wer in dieser Gegend freiwillig ins Wasser geht, gilt als verrückt. Schließlich ist es nur bis 5 Grad „warm". Darum können Eskimos nicht schwimmen. So einfach ist das. Die Stimmung an Bord ist gut, die Passagiere sind mit meiner Fliegerei zufrieden, ich genieße Flug und Landschaft. Nach einer Stunde deutet Jonny auf einen kleinen Hügel. Dahinter liegt unser zugefrorener See. Und den Fischen dadrin geht's jetzt an den Kragen, meint Steini. Ein Privileg der im Norden lebenden Menschen — sie dürfen jagen und fischen, was ihnen schmeckt. Aber erst muß ich die Beaver heil in den Schnee setzen. Wir fliegen eine Ehrenrunde über dem See. Das Eis sieht gut aus.

Gefährlich sind die Einläufe der Bäche, angetautes und oberflächlich überfrorenes Eis, Schnee mit fast keinem Eis darunter — es gibt schon allerhand Möglichkeiten, ein

Andy Walldorf im Cockpit der Twin Otter
Foto: M. Schultz

Foto: M. Schultz

Wie kommt die Hütte an den See?

Flugzeug auf den Grund des Sees zu schicken. Hauptsächlich bei Wetter, wie wir es die letzten Tage hatten – Temperaturen um null Grad herum. Da weiß man nicht so genau, wie das Eis sich verhält. Jonny hat da so seine Erfahrungen. Vor Jahren, er flog damals eine Nordman, versank sein Flieger blubbernd im Eis, kaum daß er stand. Jonny entkam dem nassen Grab durch ein Fenster, so klein, daß es normalerweise keinem Hering Platz genug zum Aussteigen geben würde. Bestimmt ist Jonny kein Schwächling. Aber da hat ihm die Angst Kräfte verliehen, die fast übermenschlich waren. Er zeigt mir, wie man das Eis prüft: Mit genug Leistung setzen wir die Beaver auf und lassen sie über den verharschten Schnee gleiten.

Wir starten durch und beobachten: Der zusammengepreßte Schnee füllt sich nicht mit Wasser. So können wir landen. Ich nehme mir das Ufer als Höhenreferenz, die Landeklappen sind draußen. Mit 50 mph (81 km/h) setzt sich die Beaver fast von selbst hin. Meine erste Landung auf Skiern, problemlos. Die Beaver dient uns ab jetzt als Schneeschlitten. Wir packen die Netze aus. Im Abstand von 3 m werden Löcher in das Eis gebohrt. Mit Hilfe einer langen Stange wird ein etwa 50 m langes Seil unter das Eis gezogen. Daran binden wir das Netz und legen es aus. Die Falle ist gestellt, morgen werden wir das Ergebnis sehen.

Am Ufer steht eine Holzhütte. Jonny hat sie mit seinem Bruder hier gebaut. Wie, zum Teufel, haben sie die meterlangen Bretter hierher geschafft? Sie haben sie auf die Schwimmer gebunden . . . Wir fällen Holz für's Feuer, legen unsere Decken über das Tannenreisig. Jonny wirft den aus einem alten Ölfaß gebauten Ofen an. Draußen ist das Thermometer auf minus 25 Grad gesunken. Der Atem gefriert, meine bei der „Hudson Bay Company" gekauften kanadischen Waldtreter bewähren sich. Wenn die Füße hier erst mal kalt sind, bleiben sie kalt. Und kalte Füße sind schlimm. Um 15 Uhr wird es dunkel. Wir marschieren über den See, Steini mit seinen 71 Jahren immer vorweg. Zwischendurch läßt er immer mal 'nen deutschen Spruch los. Weil er aus Pennsylvania stammt und dort alles deutschstämmig ist und er mich, den Deutschen, erfreuen will. Wenn der Steini dann „Morningstund het Gould im Mound" sagt, wobei er gar nicht weiß, was das heißt, und das Ganze außer dem schrecklich amerikanischen Akzent auch noch die ursprünglich schwäbische Mundart durchblicken läßt, schlagen sich auch die anderen vor Freude auf die Schenkel.

Wir bohren Löcher in das Eis, Abendbrot fangen, sagt Jonny. Ich bekomme meine „Angel" – ein Stück solider Bindfaden mit kräftigem Angelhaken, daran ein Stück Fleisch. Damit soll man Fische fangen können? Ich höre meinen Magen ob des auszufallen drohenden Abendbrotes schon murren. Aber, hol's der Teufel, Jonny hat das Ding kaum im Wasser, da zappelt der erste „Arctic Char" am Haken. So um die 10 Pfund wird er wohl haben. Das ist Mittelmaß. Ich gucke zu, wie die Kameraden technisch vorgehen.

Reinfallen lassen, die Schnur um den Finger wickeln und ein bißchen wackeln. Sieht ganz einfach aus und ist es wohl auch. Jedenfalls für die anderen. Steini hat drei, Jonny fünf „Chars" um sich herumliegen. Dreißig Minuten hat das gedauert. Dann fange ich meinen „Trostpreis" – wiegt so um die fünf Pfund. Ein Babyfisch, spotten die anderen. Jedenfalls brauche ich nicht um mein Nachtmahl zu betteln, hab' ja schließlich auch meinen Fisch gefangen. Und bin stolz darauf! Die ausgenommenen Fische werden einfach in das Feuer geworfen. Nach einiger Zeit sind sie gar, das fehlende Salz wird durch Butter ersetzt, Willi hat Tee gekocht, wir essen Luisas köstliches Brot – ein wundervoller Tag geht zu Ende.

Wir liegen unter den dicken Decken, Jonny erzählt Gruselgeschichten von seinen speziellen „Freunden", den Bären. Er mag sie nicht, weil sie immer in die Zelte und Hütten einbrechen, um Leckerbissen zu suchen. Wenn sie durch dasselbe Loch rausgehen würden, durch das sie reingekommen sind, das könnte er ja noch verstehen. Aber mit penetranter Boshaftigkeit schlagen sie mit den großen Tatzen ein weiteres Loch ins Zelt, um hinauszugehen. So ein Zelt kann man dann wegwerfen. Die Hütte auch. „Do you know, why I hate all these bears?" Weil sie ihn noch jedes Mal angeschmiert haben, die

Bären, darum mag er sie nicht. Ein bißchen Bewunderung klingt schon dabei an. Das letzte Mal haben sie ihn im vorigen Jahr geärgert. Fünf neue Zelte hatte er im Camp gekauft. Ein großer Brauner marschierte einmal durch das Lager, dann war da kein Lager mehr. Aber Jonny war drei Tage hinter dem Kameraden her. Dann war da auch kein Bär mehr. So ist das hier. Auge um Auge, Zahn um Zahn, Bär um Bär.

Am Morgen ist das Wetter schlecht. Weiß in weiß ist alles. Die Untergrenze liegt verdammt niedrig. In Deutschland wäre ich bei solch einem Wetter gar nicht erst aufgestanden. Hier ist es allemal gut für VFR. Schön ist das nicht, nur — würde man hier nur bei schönem Wetter fliegen, könnte man die Flugzeuge auch gleich verschrotten, weil man ohnehin fast nie zum Fliegen käme. Also fliegen wir los. Der Start vom Schnee geht problemlos. Die Beaver hat Teflon unter den Skiern, dadurch klebt der Schnee nicht. Ich fliege den Konturen der Landschaft nach. Und lerne den größten Feind der Flieger hier oben kennen: den „White out" — alles ist weiß, Himmel und Erde verschmelzen.

Das erfordert alle Konzentration, höllisch muß man aufpassen, um nicht gegen einen Hügel zu rennen. Mir brennen nach kurzer Zeit die Augen. Wenn es zu schwierig wird, gehen die Buschpiloten hier einfach in die sicheren Wolken. Und da bleiben sie, bis sie zu Hause sind. Ich bleibe schön darunter, wie es sich gehört. Nach einiger Zeit habe ich das erste Geheimnis enträtselt: Wenn die Basis bei 100 ft liegt, bleibt sie auch da. Sie sinkt kaum tiefer — geht allerdings auch nicht höher. Und weil die Piloten ihre Landschaft wie die Westentasche kennen, können sie unter diesen Bedingungen fliegen. Wenn's dann mal nicht mehr geht — mit Skiern oder Schwimmern kann man hier überall landen. Ich habe gelernt, mich zu orientieren und finde den Weg nach Hause allein. Die Skier werden hochgepumpt — 250 Schläge an der Hydraulik — wir landen in Fort Chimo.

Luisa, Jonnys Frau, hat für uns gekocht. Ich bin die ganze Zeit Gast in ihrem Haus. Es gibt Arctic Char. Ein Fisch, den bei uns keiner kennt. Und — ich schwör's — der wohlschmekkendste Fisch, den ich je gegessen habe. Langsam verstehe ich, warum hier keiner Lachs ißt. Und warum man die Seeforellen an die Hunde verfüttert. Zum Fisch gibt es das köstlich schmeckende Weißbrot, daß mich so an den Stuten erinnert, den meine Oma so wunderbar gebacken hat. Nie im Leben habe ich soviel Fisch gegessen wie bei Luisa. Und

In der Einsamkeit des hohen Nordens. Die Beaver auf einem der 80 000 Seen Kanadas Foto: M. Schultz

Blizzard in Kuortac —
jeder Schritt wird zur Qual
bei 30° unter Null
Foto: M. Schultz

„Steini", der Oldtimer aus
Pennsilvania mit fetter
Beute, einem
15pfündigen Arctic Char
Foto: M. Schultz

**Der Tower von Kuortac —
Andy Walldorf hat den
Flugplan aufgegeben
Foto: M. Schultz**

soviel Karibu-Steaks und Eskimo-Fladenbrot. Sie haben sich alle über meinen gesegneten Appetit gefreut — mir hat es geschmeckt. Wir sitzen in Jonnys Haus zusammen, viel Familie mit noch mehr Kindern ist da, es wird ein fröhlicher Abend.

Allerdings gibt es hier auch die Wahrheit zu hören: Steini und ich können der Musik nicht so recht folgen, einer Mischung übrigens aus irischen und kanadischen Tönen, auch können wir nicht wie die Eingeborenen tanzen. Also sitzen wir und sehen zu. Urplötzlich, ohne Ansatz, fragt Jonny seine Familie, ob sie sich auch von Steini und mir beobachtet fühlen. Und ob sie für uns sowas wie Höhlenmenschen sind — Jonny fragt mich das ganz direkt. Ich denke zuerst, das ist Spaß. Dann merke ich, daß ihm das ganz ernst ist. Man ist uns böse, ernsthaft. Ich versuche zu erklären, sage ihnen, daß ich weder Sprache noch Tanz und Musik verstehe. Und Höhlenmenschen seid ihr für mich gewiß nicht. Im Gegenteil, ich freue mich still über die intakte Großfamilie, in der jeder vom Nächsten aufgefangen wird, über die Kinder, die sicher eine wundervolle Jugend hier haben, die mit auf die Jagd und zum Fischen gehen und nicht in der stinkigen Großstadt auf schmutzigen Spielplätzen herumlungern. Sicher ist das Leben hier einfacher — ob es deswegen

**Crosswind, kein Problem
für die Piloten der Air Inuit
Foto: M. Schultz**

schlechter ist, bezweifle ich stark. Wir haben darüber diskutiert, meine anfängliche Verärgerung wich einem angenehmen Gefühl. Ist das nicht viel besser, einfach zu sagen, daß man sich unwohl fühlt? So haben wir uns ausgesprochen — und am Ende noch besser als vorher verstanden. Ich habe jedenfalls aus dieser Episode viel gelernt.

Steini schmeißt mich am Morgen um sechs Uhr aus den Federn — Morgenstund' hat Gold im Mund . . . Um sieben wird es hell. Wir nehmen das „Nachthemd" von der Beaver, die beiden Heizöfen werden aus der Motorverkleidung genommen, der Flieger wird betankt. Die 450 PS entwickeln einen gesunden Appetit — so an die 80 bis 100 l pro Stunde vertilgen sie leicht.

Die Buschpiloten schwören auf diese Motoren. Nur etwas Öl und viel Benzin brauchen sie. Ansonsten ist so ein Motor pflegeleicht — nach 1000 Stunden ist die Überholung fällig, dazwischen passiert wenig. Jonnys Beaver begann ihre Karriere übrigens bei der US-Army in Deutschland. 1956 ist ihr Geburtsjahr. Wie es aussieht, ist sie noch lange gut. Es gibt keinen Nachfolger für diese Flugzeuge, so werden sie gehegt und gepflegt. Und wenn man den Vogel in Action sieht, versteht man, warum die Beaver im Busch so beliebt ist. Auf Rädern erhebt sie sich nach nur 500 ft (150 m) in die Luft, auf Floats ist sie unschlagbar, kann sechs Personen (manchmal auch mehr) und Gepäck wegschleppen, und Überladen nimmt sie stoisch zur Kenntnis und nie übel. Und sie fliegt sich wunderbar. Heute ist der Flieger voll, ich habe frei.

**Eingebrochen! Die DC-3 auf Skiern war wohl etwas zu schwer für das Eis
Foto: Air Inuit**

Also gehe ich ein Haus weiter zur „Air Inuit". Diese Airline gehört den Inuits, den Eskimos. Besser gesagt der „Makavik". Makavik heißt etwa „Wacht auf" und ist so eine Art Selbstverwaltungsorganisation der Inuits. Man hat einfach versucht, 50 Jahre Entwicklung mit viel Geld zu überbrücken. Daß das schiefgehen mußte, hätte an sich klar sein müssen. Da es das aber nicht war, hat man erst mal Millionen Lehrgeld bezahlt. Glücklicherweise waren die Eskimos schlauer als die Regierung und haben sich weiße Manager geholt. Und nun erholt sich die Air Inuit wieder. Die Twin Otter fliegen von morgens bis abends, sieben Tage in der Woche. Und unter Bedingungen, die uns „Luftfahrtamputierten" zuerst einmal die Haare zu Berge stehen lassen. Trotzdem — es hat hier fast 10 Jahre keinen ernsthaften Crash gegeben. Und darum bin ich hier — ich will wissen, wie das funktioniert. So sitze ich mit Guy Paradies und Andy Walldorf im Cockpit der Twin Otter. Besser gesagt, ich verkeile mich im Türrahmen, an sich ist für einen dritten Mann hier kein Platz. Wir haben richtiges

Sauwetter, ließe man bei uns bei solchen Bedingungen Brieftauben fliegen, hätte man sofort den Tierschutz am Hals.

Der Flieger ist voll beladen – besser ich frage nicht nach dem Startgewicht . . . Guy schiebt die Leistungshebel nach vorn – und das war's dann auch, für die nächste Stunde ist die Erde verschwunden. Die Jungs müssen in der Suppe knüppeln, Autopiloten gibt's nicht. Wir bezahlen die Piloten für's Fliegen und nicht für's Knöpfchendrücken, erklärt mir der Manager später dazu. Guy und Andy diskutieren über den ersten anzufliegenden Strip. Die Eskimos hatten gestern nicht den Schnee geräumt, die Landung soll etwas haarig gewesen sein. Wenn die beiden sowas sagen, muß das ganz schön schlimm gewesen sein, die schrecken sonst vor nichts zurück. Mit Hilfe des auf „Map" geschalteten Wetterradars seilen wir uns ab. Mit, wie mir scheint, traumwandlerischer Sicherheit finden sie die Piste in der Schneewüste. Die Eingeborenen stehen an der Piste und erwarten ihre Fracht. Aber geräumt haben sie immer noch nicht. Kommentarlos startet Guy durch. Das wird er solange machen, bis die da begriffen haben, meint Andy. Spätestens, wenn sie Hunger haben, bemerkt Guy Paradies dazu. Die Otter wackelt noch einmal mit den Flächen und verschwindet wieder in den Wolken. Wir haben einen „Kuhsturm", über 60 kts in 3000 ft. Unser Ziel ist Kuortac, ein Strip an der Südseite der Hudson Bay. Wir haben Techniker an Bord, die ein neues Stromaggregat aufbauen sollen. 50 kts Wind aus 45 Grad, Schnee und „freezing rain" empfangen uns. An den Minen der Piloten sehe ich, daß wir uns an der Grenze des Möglichen bewegen. Der dritte Anflug auf die 1000 ft lange Piste muß sitzen, andernfalls haben wir nicht mehr genug Treibstoff für den Rückflug. Ich beobachte Guy und Andy. Den beiden stehen Schweißperlen auf der Stirn, die Twin Otter schmeißt es in der Gegend herum, daß einem das Frühstück von vorgestern am Adamsapfel steht.

Mit abenteuerlichem Vorhaltewinkel schweben wir an, in etwa 10 ft haut Guy die Reverse rein, die Otter bleibt wie angenagelt in der Luft stehen, bumst auf, rollt noch 50 ft (15 m) – solch eine Landung habe ich noch nicht erlebt. Das war schon gekonnt, 10 000 Stunden des Käpt'n und 6000 des Co waren hier zu sehen. Und ich hab' früher immer gedacht, es wäre ganz toll, so eine Twin Otter auf Helgolands 450-m-Piste zu landen.

Dann schwebt eine zweite Twin Otter ein. Don Henderson, 20 000 Stunden Twin Otter im Norden, sitzt am Knüppel. Und von hier sieht das noch verwegener aus. Fast quer zur Bahn schwebt er an, richtet den Flieger kurz vorm Aufsetzen aus, Reverse und stehen ist eins. Das ist einfach unendlich viel Erfahrung, Erklärung auch dafür, daß keiner Kapitän wird, bevor er nicht mindestens 4000 Stunden im Log stehen hat. Übrigens – die meisten Piloten gehen zur „Air Canada" oder anderen Airlines, die sie mit Kußhand nehmen. Don fliegt gleich wieder zurück, während wir über Nacht bleiben. Brüllender Sturm empfängt uns draußen.

Ernest, der Boß in Kuortac, nimmt mich auf seinem „Ski-Doo", dem Schneeschlitten, mit. Anfängliche Dankbarkeit weicht schnell kaltem Grausen. Die Dinger machen leicht 80 km/h. Federung gibt's nicht. So fliege ich mehr als ich sitze. Festhalten kann ich mich auch nicht recht, mit der rechten Hand versuche ich meine Kameratasche zu retten, der linke Arm ist nicht lang genug, Ernests wahrhaft mächtigen Bauch zu umfassen. Und nach vorn gucken geht auch nicht.

Wie Nadeln schlägt mir der Schnee ins Gesicht. Eine Höllenfahrt. Der Flug war harmlos dagegen. Wir finden Unterkunft im Hospital, man freut sich über die Abwechslung. Kuortac ist eine intakte Siedlung. Die Eskimos versorgen sich durch Jagd und Fischfang selbst. Alkohol gibt es nicht zu kaufen, es gibt eine Schule – und an der unterrichtet Heidi.

Heidi ist Deutsche und lebt in Quebec. Geld hatte sie hierher gelockt. Nun erwartet sie sehnlichst das Ende ihres Vertrages. Weil die Kinder wohl so recht den Sinn der Schule nicht verstehen und die Lehrer auch nicht erklären können, warum Fischer und Jäger die „Mengenlehre" erklärt bekommen sollen, scheint der Schuldienst eher unerfreulich zu

Jonny und Steini setzen
die Netze — schlechte
Zeiten für die Fische
Foto: M. Schultz

Passagierabfertigung im
Eskimodorf. Die Twin
Otter ist die einzige
Verbindung zur
Außenwelt
Foto: M. Schultz

sein. Richtige kleine Wilde sind das, sagt die Heidi. Jedenfalls kriegt sie in ihrer Schule kein Bein auf die Erde.

Der Sturm tobt die ganze Nacht, am Morgen hat er die Otter einmal um sich selbst gedreht. 50 kts und Schneetreiben — ein echter Blizzard. 25 Grad zeigt das Thermometer unter Null. Allein das Tanken der Twin Otter bringt uns fast um. Vorsichtig machen die Propeller die ersten Umdrehungen. Das Eis fliegt mit Getöse an den Rumpf, dann rollen wir zum Start.

Der Wind steht jetzt fast auf der Bahn, die Twin Otter fliegt fast aus dem Stand. Auf dem Rückflug sehen wir nach, ob denn die Eskimos ihre Piste inzwischen gefegt haben. Wie geleckt sieht sie jetzt aus — na also, es geht doch, sie haben ihre Lektion gelernt.

Zurück nach Fort Chimo — das Wetter ist nach wie vor unter aller Kanone. Zwar hat Fort Chimo ein ILS. Aber das ILS hat eine Macke. Und darum schalten die das immer dann ab, wenn das Wetter wirklich miserabel ist. Komisch, nicht? So machen wir einen sauberen ADF-Approach und kommen kurz vor der Piste aus den Wolken.

Das waren harte Flüge. Aber ich habe gesehen, daß es geht. Mit viel Erfahrung und Umsicht, genauester Navigation und nicht zuletzt mit dem passenden Gerät.

Meine Zeit ist um, wir feiern Abschied bei Luisa und Jonny. Zum Abschied fragt er mich „Do you want a job with my Otter?" Das war ein Lob, auf das ich stolz bin. Und ein Angebot. Es läßt sich leben, fern der Zivilisation. Wegen der Menschen, der Flugzeuge, der Landschaft. Hm, ist das ein Angebot . . .

Foto: C. Sorensen

Vom Sunset-Strip zur Waterkant

180 Stunden Flugzeit, 30 000 geflogene Kilometer — das ist die Bilanz eines Fluges von Los Angeles nach Hamburg. An sich nicht so außergewöhnlich. Nur — geflogen wurde mit dem Prototypen der Valentin Taifun 17 E. Und der hatte bei Beginn des Fluges gerade 60 Stunden Flugerfahrung gesammelt. Indes, die Erfahrungen waren so gut, daß das Wagnis, mit einem so neuen Flugzeug eine derartige Mammutstrecke zu fliegen, sich in vertretbaren Grenzen hielt. Um es vorwegzunehmen: Das Abenteuer war nicht das Flugzeug, sondern das Drum und Dran!

10. Juli 1981 — ich stehe mit der KONO „ready for take off", in Los Angeles Int. vor der Runway. „D-KONO, you have to pay your landing-fee before take off", höre ich im Funk. Also erkläre ich ihnen, daß ich hier ja nicht gelandet bin. Was natürlich zu einiger Konfusion im Tower führt. Und wenn der Tower konfus ist, sagt er „Stand by". Und meint, wenn ich hier wegfliegen will, müßte ich doch schließlich auch gelandet sein. Was in der Regel ja richtig ist. Er kann ja nicht wissen, daß wir mit Lufthansa gekommen sind, im Bauch einer 747 aus Frankfurt. Und das war schon schwierig genug.

Ich möchte mit einem Motorsegler in Frankfurt landen, habe ich den Frankfurtern drei Tage vorher erklärt. Das geht aber nicht, haben die gesagt, weil Frankfurt für Motorsegler nicht zugelassen ist. Warum denn nicht, habe ich sie gefragt. „Weil Motorsegler nicht alleine rollen können, und weil man schließlich nicht Flughafenangestellte kilometerweit tragflächenhaltenderweise über den Flugplatz traben lassen könnte." Die wissen noch gar nicht, daß Motorsegler inzwischen ganz alleine rollen können. Also mußte blitzartig ein schriftlicher Antrag an die Regierung gestellt werden, der — Dank dafür — ebenfalls blitzartig bearbeitet und genehmigt wurde. Lufthansa Cargo ist bereits vorgewarnt — wir brauchen die KONO nur noch auf die Palette zu stellen.

Dummerweise habe ich nicht bedacht, daß die Fahrwerksbeine ein wenig über die Flächenstummel herausragen. So steht die Taifun mit nur zwei Rädern auf der Palette. Aber an sich sollte sie mit allen drei Rädern draufstehen. So stehen wir in typischer Haltung vor diesem Ereignis — wir kratzen uns am Kopf und sehen uns vielsagend an. Sollen schon hier acht Monate Vorbereitung umsonst sein? Während ich zwei Stunden im Kreis laufe, haben die Lufthansa-Leute den Flieger auf die Palette gestellt und lachen herzlich über mein dummes Gesicht, als ich wiederkomme.

Gegen 14 Uhr soll der Combi-Freighter nach Los Angeles starten. Also beginnen wir gegen 12 Uhr, die Taifun einzuladen. Eine typische „Mal-eben-Aktion". „Mal-eben-Aktionen" dauern etwa zehn Minuten. Glaubt man zuerst. Wenn es dann zwei Stunden dauert, war es eben die „Mal-eben-Aktion". Der Rumpf der KONO wollte einfach nicht um die Ecke. Bis das Seitenleitwerk der KONO eine kleine Macke und der Jumbo eine große Macke hatte. Und dann paßte schließlich alles . . . Der Flug nach Los Angeles war kurzweilig. Überhaupt war das Bild, wie der Co des großen Jumbos im Cockpit der kleinen Taifun saß, unvergeßlich. Wie das denn so ist, wollte der Co, Segelflieger aus Werdohl, wissen. Und dann wurde ge-

Vor dem Start zum großen Trip: Taifun-Taufe in Baden-Baden-Oos. Behilflich sind dabei die Wirtsleute vom Flugplatz-Restaurant (links) und Copi Hans Kampik (rechts). Alles was auf dem Flieger rumliegt muß mit
Foto: J. Jäge

fachsimpelt. Und natürlich hatten wir viele gemeinsame Bekannte, so daß der Gesprächsstoff nicht so schnell ausgehen sollte.

. . . Und dann waren die D-KONO und ich endlich in Los Angeles. Meine tolle Idee, beim Ausladen der Taifun mitzuhelfen, hatte fünf Stunden Aufenthalt bei den überaus reizenden Beamten der „Immigration" zur Folge. Weil man nämlich im freiesten Land der Welt sofort nach der Landung das Flugzeug verlassen muß. Wenn man das nicht tut, muß der Beamte einen Bericht schreiben. Und dafür braucht der Beamte eben fünf Stunden. Was ja für eine Seite angemessen ist . . .

Aber gut, jetzt stehe ich an der Runway und habe endlich auch den Tower-Leuten klarmachen können, warum ich keine Landegebühren zahlen muß.

So bin ich mit der Taifun endlich da, wo ich sein möchte – in der grenzenlosen Freiheit. Amerika ist Fliegerland. Frei von kleinlichen Bestimmungen. Ich, der Pilot, darf Entscheidungen treffen. Nein, sie erwarten sogar, daß du als Pilot Entscheidungen triffst. Weil auf den „kleinen" Plätzen kein Flugleiter sitzt. Und das Zauberwort heißt hier „Unicom 122.8". Das ersetzt den Flugleiter, weil die Piloten sich einfach untereinander abstimmen, sich sagen, was man vorhat. Und wenn da noch ein anderer ist, der das gleiche vorhat, sagt er das einfach. Und dann teilt man sich das ein. So einfach geht das. Das andere Extrem sind die stark frequentierten Plätze. Stark frequentiert heißt, daß Flugzeuge in ununterbrochener Folge starten und landen. Dann reden einfach nur noch die Flugleiter. „Rote Cessna", heißt es dann einfach nur noch, oder „weißes, was immer das ist" – dann ist die Taifun gemeint.

Ich habe mich mit meiner Frau und Gunnar, meinem Sohn, Hans, Bärbel und Tochter Kathrin in „Half Moon Bay", einem Platz nahe San Francisco, verabredet. Dort treffen sie Mike aus Los Angeles, der unseren 25-ft-Camper bringt. Weil Mike und ich hier beide Mike heißen, heißt Mike „California-Mike".

Auf dem Weg von L.A. – wie die Amerikaner Los Angeles kurz nennen – nach Half Moon Bay liegt Santa Paula. Santa Paula ist einer von den ganz besonderen Flugplätzen.

„Normale" Flugzeuge gibt es hier kaum, „unnormale" dagegen zuhauf. Pitts Special, KR 2, Staggerwings, Warbirds und die entsprechenden Piloten laufen hier rum. Miro Slovak hat hier auch seinen Hangar. Miro war – ältere aerokurier-Leser erinnern sich vielleicht noch – der erste, der mit einem Motorsegler über den Atlantik flog. Das war 1969 mit einer

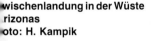

Zwischenlandung in der Wüste Arizonas
Foto: H. Kampik

Gar nicht so einfach, eine Taifun in die 747 zu bekommen
Foto: M. Schultz

Bilder rechts: Sunny California
– links über San Francisco, rechts über der Golden Gate
Fotos: Chris Sorensen
Unten: Starke Mannschaft: Jutta, Katrin, ich, Gunnar, Hans und Bärbel in San Carlos
Foto: M. Nkoruk

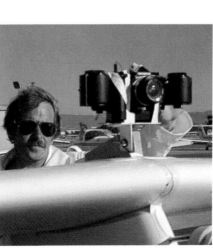

Montage der Olympus auf dem Höhenruder. Ein Glück, daß es Tape gibt
Foto: H. Kampik

Unwirkliche Stimmung: Im Abendlicht passiert die Valentin Taifun die gigantische Kulisse der Golden Gate Bridge   Foto: Chris Sorensen

Tomahawk ohne Fahrwerk?

RF4. Darum lande ich immer in Santa Paula und versuche, ihn zu treffen. Einmal haben wir uns am Telefon gesprochen und uns sogar verabredet. Aber Miro ist inzwischen Check-Captain auf einer DC-10 und immer unterwegs. Er mußte sich entschuldigen lassen. So werden wir uns später irgendwo auf dieser Welt treffen – die Fliegerwelt ist klein. Ich freue mich darauf, Miro.

In Santa Paula ist auch „Pitts Stop". Ein Club, bei dem man lernen kann, Pitts zu fliegen. Und das haben sie mir hier beigebracht. Hat ein bißchen gedauert, bis ich's begriffen habe. Die Pitts fliegt ganz toll. Aber was sie nach dem Aufsetzen mit dem Anfänger macht, das ist allerdings etwas ungewöhnlich. Der kurze Rumpf und das Spornrad sind schon eine interessante Kombination. Während ich dachte, da ist irgend etwas kaputt, bemerkte mein „Instructor" nur, die Pitts ist zum Fliegen gebaut und nicht zum Rollen. So holt sie Piloten wie mich wieder auf den Boden der Tatsachen zurück . . .

Weiter geht die Reise nach Half Moon Bay. Half Moon Bay liegt kurz vor San Francisco, direkt am Meer. Als ich da lande, kommen einige „Einheimische" und beäugen die Taifun – ein wenig ungläubig zuerst. Dann erklären sie. „Mein Freund sagte, das ist eine Tomahawk. Ich habe gesagt, nein, das ist eine stretched Tomahawk. Unser Freund sagte dann, die Tomahawk hat ihr Fahrwerk verloren. Dann haben wir gesagt, wir gehen zum Platz und fragen, was das ist." Und ich habe dann erklärt, was das ist. Und die fragten, warum ich denn in Half Moon Bay lande. Weil doch Half Moon Bay der einzige Platz in den USA ist, der fast immer Nebel hat . . .

Dieser Tip kommt zu spät, ich muß hier auf die Mannschaft warten. Die wollten um 19 Uhr hier sein. Um 22 Uhr bin ich immer noch allein auf dem Platz. Nun müßten sie ja bald kommen. Um 24 Uhr nehme ich meinen Schlafsack und lege mich unter die Fläche der Taifun. Und ich wache am nächsten Morgen da auf. Keine Mannschaft, kein Camper. Gerade zur letzten Frühstückszeit tauchen Hans, Gunnar, Kathrin, Bärbel und Jutta dann auf. Es war so schön unterwegs, da hat man sich halt nicht so beeilt . . . Nachdem die Wiedersehensfreude sich gelegt hat, verlegen wir erst mal nach San Carlos, direkt vor San Francisco. Weil da nicht dreiviertel des Jahres Nebel ist. San Carlos ist der meistfrequentierte Platz mit nur einer einzigen Landebahn. Was das heißt, kann ich nur dem erklären, der schon mal in den USA geflogen ist.

aerokurier-Mitarbeiter Chris Sorensen erscheint pünktlich in San Francisco. Chris ist Fotograf. Einer der ganz wenigen – und von denen einer der besten, der Flugzeuge fotografieren kann. Chris nimmt den Job ernst. Bevor wir morgen den Hubschrauber für ihn chartern, sehe ich mir mit ihm erst einmal die Gegend an. Die Gegend ist hier San Francisco, die Bay und die Golden Gate Bridge. Um das alles richtig anzusehen, fliegen wir auch nie höher als 500 ft. Das ist so lange in Ordnung, bis der Motor stehenbleibt. Chris ist so etwa 1,85 m groß. In diesem Augenblick wurde er 2,50 m groß. Ich auch. Das Ufer hätten wir vielleicht noch erreicht. Vielleicht auch nicht. Keiner wird's je wissen. Ich war froh, es nicht probieren zu müssen. Nachdem ich auf den anderen Tank umgeschaltet und die Zusatzpumpe eingeschaltet hatte, funktionierte alles wieder. Nur – warum der Motor so unerwartet den Dienst einstellte – das zu erfahren, hat noch 100 Flugstunden weiter gedauert. Dabei war die Erklärung so einfach. Hinterher . . .

Jedenfalls haben wir uns beide kräftig erschrocken. In San Carlos bekomme ich den ersten Eindruck von dem, was uns die nächsten Wochen erwartet: Die Taifun ist immer von Menschen umlagert. Und so bleibt mir nichts anderes übrig, als zu erklären – und mit den begeisterten Kameraden zu fliegen. Zwar lerne ich viele interessante Menschen kennen, aber der Urlaub kommt etwas zu kurz. Hier in San Carlos montiere ich auch die von „Olympus" zur Verfügung gestellten Kameras. Eine kommt auf das Höhenruder, eine auf die linke Fläche. Ausgelöst wird über den Motorantrieb mit einem Fernauslöser. Als das alles fertig ist, mache ich mit George einen Flug. George ist so um die 50, hat eine VariEze und eine Quickie gebaut und besitzt außerdem derzeit noch etwa sieben andere Flugzeuge. George ist zudem ein guter Pilot, und so lasse ich ihn fliegen. Mich stört immer, wenn jemand den Knüppel der Taifun mit der ganzen Hand vergewaltigt. Sie läßt sich doch so schön mit zwei Fingern fliegen. Ich weise George höflich darauf hin. George sagt, das geht nicht. Also zeige ich es ihm. Fast trifft mich der Schlag: Die KONO will nur noch Rollen nach links fliegen! Da haben wir ja eine tolle Stelle auf der linken Fläche für die Kamera gefunden! Ich bringe den Flieger schleunigst wieder auf die Erde zurück und baue die Kamera samt Halter ab. An was man alles denken muß . . .

Am Abend kommt Chris mit dem Robinson-Hubschrauber zur San Francisco Bay. Es folgen 1½ Stunden wirklicher „Luftarbeit". Denn so einfach ist es für alle Beteiligten nicht, gute Bilder in den Kasten zu kriegen. Das Wetter spielt – wie überhaupt immer in „Sunny California" – mit. Aber Chris ist Perfektionist und möchte lieber morgen noch mal fotografieren. So nutze ich die herrliche Nacht und genieße den sternklaren Himmel und das Panorama San Franciscos mit meinen Freunden aus der Luft. Auch wieder ein Beispiel, wie einfach alles gehen kann: Um 22.00 Uhr schließt der Tower. So rufen die Piloten nun nicht mehr den Tower, sondern „San Carlos Traffic" und sagen, was sie beabsichtigen. Das System funktioniert – trotz etwa 10 bis 20 völlig unterschiedlicher Maschinen in der Platzrunde – ganz hervorragend. Und bei uns darf man schon am Tage nicht mehr starten oder landen, wenn kein Flugleiter mehr da ist. Vielleicht bin ich auch nur zu dumm, das zu verstehen.

Wir richten später unseren Camper ein, der gut Platz für sieben Personen bietet und mit allem Komfort wie Kühlschrank, Dusche, Toilette und Klimaanlage ausgestattet ist. Und mit einem großen Motor, der das fast 9 m lange Ungetüm zu zügiger Fahrt befähigt und dem Tankwart immer die Freudentränen in die Augen treibt. Unter 35 bis 40 l auf 100 km/h tut er's nicht. Dafür fassen seine beiden Tanks auch über 200 l. Ansonsten läßt er die vor ihm liegenden 5 000 km durch Berge, Wüsten und Städte klaglos über sich ergehen, sieht man von einigen Ausfällen ab, zum Beispiel, wenn sich der Inhalt des Kühlschrankes bei zügiger Kurvenfahrt über die staunenden Insassen verteilt. Der Mensch ist schlau und lernt – bei Rechtskurven springt später automatisch einer der Insassen auf und hält die Tür zu. Später kommt Hans, der Analytiker, auf die Idee mit dem Klebestreifen. Dann ist Ruhe. So verlassen wir einen Tag später San Francisco, nachdem die KONO noch eine in die Historie des Rundfunks eingehende Tat vollbracht hat. Spät am Abend besucht uns „Harp" Harper, ein Rundfunkpionier, der mal vor zig Jahren den ersten Verkehrslagebericht aus einem Flugzeug gemacht hat. In den folgenden 30 oder mehr Jahren hat er aus Spaß immer dann, wenn ein außergewöhnliches Luftfahrtgefährt zu bekommen war, aus diesem den täglichen Bericht gegeben. Ein Motorsegler war noch nicht dabei. Also treffen wir uns zu nachtschlafender Zeit um 5.30 Uhr, bauen sein Funkgerät ein und lauschen über das ADF seinem Sender. Wie das hier so ist, wird natürlich gleich eine tolle Geschichte daraus gemacht. So kreisen wir morgens um 7.00 Uhr mit abgestelltem Motor über San Francisco und erzählen Geschichten. Die Frage, ob ich den Roten Baron kenne, muß ich leider verneinen, ansonsten hatten natürlich einige Zeitungsleute zugehört, die sich dann auch gleich in San Carlos einfanden . . . Harp war ganz aus dem Häuschen über seinen gelungenen Gag und meinte, er müßte jetzt nur noch einen Verkehrsbericht vom Fallschirm geben, dann hätte er wohl alles durch . . .

Patsy bereitete uns unser letztes Frühstück in der „Sky Kitchen", dann verabschieden sich Bärbel, Hans, Jutta und Kathrin mit dem Camper, während ich Sohn Gunnar einlade. Treffpunkt ist Mariposa am Yosemite-Nationalpark. Für Gunnar und mich ein Katzensprung von 1½ Stunden. Obwohl wir dem Camper drei Stunden Vorsprung gegeben haben, liegen wir beide erst mal ein paar Stunden in der Sonne. Dann wird es dunkel. Und am Flugplatz ist auch keiner mehr. Also versuchen Gunnar und ich, etwas Eß- und Trinkbares zu finden. Nachdem wir eine Stunde gelaufen sind, finden wir ein kleines Dorf. Und einen Imbiß. Der hat aber zu. Als wir am Zaun stehen und mein Sohn weise Entscheidungen von mir erwartet, spricht uns eine süße Stimme an, was wir denn suchen würden. Wir erklären, und Anne sagt, so was gibt es hier nicht. Aber wir sollten doch

Links: Fotoflug über dem
Grand Canyon
Foto: H. Kampik

Bilder rechts:
Wundervolle Tage mit
Deena und Eric in
Mariposa
Fotos: M. Schultz

Wer ist Hans Lampe?

hereinkommen, kaltes Bier wäre auch da. Eric und Deena wohnen hier in einem bescheidenen Haus aus Holz. Drei Kinder im Alter von ein bis vier Jahren krabbeln vergnügt durch gemütliche Unordnung. Eric schraubt einen alten Vorderlader zusammen. Wir gehören zur Familie und verbringen die Zeit mit Bier und Geschichten. Später fährt Deena uns zum Flugplatz zurück, Minuten danach ist der Camper da. Es wird ein langer Abend in unserem Wohnmobil. Eric und Deena verstärken unsere Truppe, unser Freund „California Mike" hat sich entschlossen, uns noch einige Tage lang Gesellschaft zu leisten und „Hans Lampe" ist auch da. „Hans Lampe" ist „Jim Beam" auf deutsch. Und Hans Lampe wird in dieser Nacht vollständig aufgebraucht. Der Abend endet mit einer Einladung zu einem Vorderlader-Schießwettbewerb am kommenden Sonntag. Ich ziehe mich mit Schlafsack und Luftmatratze auf das Dach unseres Campers zurück. Zwar ist drinnen auch Platz genug, aber gibt es etwas Schöneres, als die sternenklaren Nächte unter freiem Himmel zu verbringen? Bis auf ein Mal, als ich schlaftrunken aufwachte und zum Kühlschrank gehen wollte, war der schönste Platz auf dem Dach. Das eine Mal wachte ich mit lautem Schrei und dumpfem Aufschlag drei Meter tiefer wieder auf. Ich hatte einfach vergessen, daß ich im ersten Stock wohnte. Das von einigem Getöse begleitete Aufwachen war schmerzhaft und kam darum nie wieder vor. Weil der Mensch ja lernt, am besten durch schlechte Erfahrungen.

An dem riesigen Stausee unweit von Mariposa kann man Hausboote mieten. Also packen wir Eis in die Kühlbox. Und Bier natürlich, die Angeln kommen logisch auch mit. Weil wir ja Fische zum Abendbrot essen wollen. „California-Mike" sagt, er würde die Forellen riechen, so viele seien im See, daß wir sie bestimmt gar nicht alle essen könnten. Wahrscheinlich haben sie uns auch gerochen, jedenfalls verschmähten sie alle Arten der liebevoll angebotenen Köder. So laufen wir am Abend wieder in den Hafen ein. Gunnar sitzt stolz auf dem Sitz des Kapitäns, und wir ärgern die Kinder, indem wir die Benzinleitung abklemmen. Beim fünften Mal springt dann der Motor wirklich nicht mehr an. Hektik an Bord — keiner hat Lust, drei Meilen zu schwimmen und Hilfe zu holen. Nach langer Zeit regt sich wieder Leben im Außenborder, und es wird beschlossen, die Kinder nicht mehr zu ärgern. Zum Abendbrot gibt es wieder keinen Fisch, dafür sind die Steaks um so größer.

Wir machen einen Ausflug zum Yosemite-Nationalpark. Die Zeit ist zu kurz, aber der eine Tag vermittelt uns einen Eindruck der gewaltigen Wald- und Bergkulisse dieses wunderbaren Stückchens Erde. Wir baden und angeln am Ufer eines Wildwasserbaches. Der sieht nur so kalt aus, da er aber kein Schmelzwasser führt, sind die Temperaturen auszuhalten. Mit dem Angeln ist alles wie gehabt — für 10 Dollar neue Köder gekauft, und zum Abendbrot gibt es Spiegeleier. Weil Mike heute so sicher über fette Beute war, daß wir gar keine Gedanken an Steaks verschwendet haben.

Ich gehe am nächsten Tag mit Mike und Gunnar auf die Schießfarm. Eric und Deena erwarten uns und rüsten uns zünftig mit Pulverhorn, Vorderlader und selbstgegossenen Bleikugeln aus. Ein toller Haufen hat sich hier versammelt — urwüchsige Gestalten in passender Kleidung. Einer von ihnen hat zehn Klapperschlangenschwänze am Hut. Was dazu führt, daß unsere Frauen jetzt glauben, daß es hier Klapperschlangen gibt . . . Zwar gelingt es uns nicht direkt, in den Kampf um die vorderen Plätze einzugreifen, aber ich habe wenigstens einmal mit diesen alten Waffen geschossen. In Deutschland geht das ja auch nicht. Im Gegenzug lade ich Eric zu einem Flug in der Taifun ein. Henry sieht sein herrliches Land zum erstenmal aus dieser Perspektive und wird ganz ruhig und nachdenklich. Er erzählt von den alten „Diggern", den Goldgräbern, die es hier in den Bergen noch gibt und die nach alter Väter Sitte erst einmal auf Besucher schießen, bevor sie fragen, wer denn da ist. Es ist schon lange dunkel, als wir landen. Fünfmaliges Drücken der Sendetaste macht die Platzbefeuerung an. Wir binden den Flieger fest und genießen die Stille der Nacht.

Während Bärbel und ich am nächsten Morgen die fällige Kontrolle an der Taifun durchführen, ist der Camper schon auf dem Weg nach Lone Pine. Wir müssen über die 13 000 ft hohen Berge. Zwar haben wir die KONO schon bis 16 000 ft geflogen, aber das war in Deutschland bei Außentemperaturen unter 0 Grad. Als wir in Mariposa starten, zeigt das Außenthermometer 40 Grad an. Und in 10 000 ft immer noch fast 28 Grad. Wir haben absolut keine Probleme mit Öl- und Zylinderkopftemperaturen, alles steht im grünen Bereich. Und wir erreichen 13 500 ft ohne Probleme – die erste Bewährungsprobe ist bestanden! Während Bärbel sich über die wilde Berglandschaft freut, denke ich über den Fall einer Außenlandung nach. Und verdränge dieses Thema, soweit möglich. „Land the plane and walk away", sagen die Amerikaner und meinen, vergiß' das Flugzeug und rette deinen Hintern. Aber hier sieht es überall so aus, als wäre im Falle eines Falles nichts mehr zu retten . . . Dann endlich werden die Berge flacher, und wir sehen links vor uns den riesigen Mono-Lake. Wir haben es geschafft, fliegen noch etwas weiter in Richtung Norden und drehen hinter dem Granite Mountain nach Südosten Richtung Bishop-VOR ein. Wir fliegen im 4000 ft hohen Tal, rechts und links eingerahmt von 4000 Meter hohen Bergen. Die Hitze trifft hier wie ein Schlag: Zwar hatten wir in 13 000 ft immer noch etwa 25 Grad, hier unten aber, in 6000 ft, schießt die Luft aus den Belüftungsdüsen mit über 45 Grad auf uns. Schnell finden wir heraus, daß die beste Kühlmöglichkeit die ist, alles zuzumachen. Zwischendurch legen wir in der unglaublichen Thermik 80 bis 100 km ohne Motor zurück. Aber es wird uns einfach zu heiß, wir machen eine Zwischenlandung in Bishop. 4120 ft liegt der Platz hoch, Temperaturen über 45 Grad sind normal. So bewegen wir uns in Luftdichtehöhen zwischen 8 bis 10 000 ft. Ich lerne wieder, was ich lange vergessssen habe – „Density-Altitude" heißt hier das Zauberwort bei Start und Landung. Daß heißt, ein bißchen schneller anfliegen – und nicht genau wissen, wie sich die Taifun beim Start benimmt. Die Frage ist hier nicht, wann ein Flugzeug abhebt – ob es überhaupt abhebt, darüber ist nachzudenken.

Erst mal sind Bärbel und ich froh, den Cola-Automaten gefunden zu haben. Wir schütten einige Dosen in uns hinein und sehen dem weiteren gefaßt ins Auge. Nachdem wir uns eine Weile in der Nähe der Klimaanlage aufgehalten haben, will ich weiter. Die Luftdichtehöhe liegt um 10 000 ft, unser Abfluggewicht um 820 kg, die Bahn ist 7500 ft lang. Die nächste Bewährungsprobe für die Taifun. Wir melden über Unicom unser Vorhaben an, suchen uns aus den sechs Startrichtungen die passende heraus – und fliegen schon nach nur 1800 ft. Bärbel versteht meine Freude hierüber nicht so recht. Als ich ihr erkläre, daß so viele „normale" Flugzeuge normal beladen aus einem solchen Platz nicht wieder herauskommen, wir aber mit legalen 100 kg Übergewicht an Bord nicht die Spur von Problemen haben, begreift sie als Nichtfliegerin. Nach insgesamt drei Stunden Flugzeit landen wir in Lone Pine. Lone Pine ist ein kleiner Platz, 3700 ft hoch und 4000 ft lang und liegt etwa 10 Meilen östlich vom 14 500 ft hohen Mount Whitney. John Langenheimer betreibt hier eine Flugschule, hat einen Schweizer-Doppelsitzer, mit dem er den Touristen die gewaltige Landschaft und die Schönheit des Segelfluges zeigt, und versorgt mit seiner turbocharged Cessna 185 die Camps in den Bergen. John kriegt natürlich ganz große Augen, als er unseren seltsamen Vogel hier sieht. Zwar hat er schon mal was von diesen neuen Wundervögeln gehört, aber daß sich so einer hierher verirrt . . .

Also sitzen wir zehn Minuten später im Cockpit der Taifun. John freut sich, seine zwei Meter, vereint mit 100 kg Lebendgewicht, so mühelos auf den Sitz zu bringen, und sieht mich fragend an, als er auf die „Density-Altitude" hinweist. Aber nun weiß ich's ja schon. Nach 600 m fliegt die KONO. Was John Langenheimer einen anerkennenden Pfiff von sich geben läßt. Auch der nächste Test verläuft zu unserer Zufriedenheit – ich weiß ja schon, daß wir keine Temperaturprobleme zu erwarten haben. Als wir dann den Motor abstellen und den Propeller feathern, schlägt John sich vor Vergnügen auf die Schenkel. Hart an den Felswänden kurbeln wir die Abendthermik aus. John zeigt mir die Stelle, wo er mit seiner Schweizer in 6000 ft Höhe zum Platz zurück muß, um nicht vorher in der Wüste zu sitzen. Wir fliegen in 5000 ft ab – und kommen mit reichlich Höhe am Platz an, ohne Motorhilfe

Die Taifun vor der gewaltigen Kulisse des Grand Canyon
Foto: C. Sorensen

natürlich. Hoch genug, um ihm zu zeigen, wie die Taifun aus völlig unmöglicher Position und Höhe, unter Zuhilfenahme von Fahrwerk, Wölbklappen und Bremsklappen, doch an der Schwelle sitzt. So endet der Tag im Kreise der sofort herbeigerufenen Fliegerkameraden.

Als endlich der Camper eintrifft, sind wir schon bei den schönsten Geschichten. Der Besitzer einer Bonanza erzählt gerade, wie er vor einigen Jahren einen kleinen Platz mitten in einer Wüstenstadt nachts angeflogen hat. Alles stimmte genau, er war genau auf dem Radial, das DME zeigte die richtige Entfernung an – nur die Stadt war verschwunden. Etwas unheimlich, wie er erzählt. Also zurück zum VOR, und das Ganze noch einmal. Nichts. Da, wo früher einmal eine Stadt war, war nur schwarze Nacht. Seine Frau erzählt, daß ihr leichtes Grauen den Nacken hochkroch. Ein dritter Anflug – plötzlich ist die Stadt da, wo sie sein sollte. Ein „elektrischer Sturm" hatte die gesamte Stromversorgung für eine Stunde stillgelegt. Als die Lichter wieder angingen, waren Stadt und Flughafen wieder da. Einfache Erklärung, nicht wahr? Aber unheimlich war's, das glaub' ich schon . . .

Spät am Abend verlassen wir die fröhliche Runde. Die „Mannschaft" hat einen Campground in 10 000 ft Höhe ausgekundschaftet. Also bringen wir unser fahrendes Ungetüm auf die kurvige, schmale Straße und lassen es im ersten Gang kriechen. Bloß nicht anhalten. Ob er wieder anfährt, möchte ich nicht probieren. Und diese Straße rückwärts zu fahren, das vertragen meine Nerven nicht. Als ich auf die Tankanzeige sehe, trifft mich der Schlag. Main-Tank: Empty. Zusatztank: Dito. Liebe Freunde, ihr habt vergessen, das gefräßige Ungeheuer zu füttern. Oder habt ihr geglaubt, ihn wie einen Alkoholiker entwöhnen zu können? Erst einmal gab das Stromaggregat den Geist auf. Ein sicheres Zeichen, daß es mit dem Sprit zu Ende geht. Dann ist der Haupttank leer. Ich schalte auf den „Aux" um – er fährt wieder. Wenn wir hier oben stehenbleiben, können wir lange laufen. Ungefähr 15 Meilen ist die nächste Tankstelle wohl entfernt. Dann sind wir da – angenehme Kühle empfängt uns in 3000 m Höhe. Wir schlagen unser Lager auf, das Essen fällt zugunsten einiger Biere aus. Nur – wie wir runterkommen, das steht noch in den Sternen, denn ohne Servolenkung und -bremse läßt sich das Gerät kaum zügeln. So kommt es, wie es kommen muß: Kaum haben wir am Morgen den Campground verlassen, gibt das Auto seinen letzten Muckser von sich.

Der Tankwart reibt sich die Hände, als wir gleich zwei Zapfsäulen in Betrieb nehmen und 200 Liter in den hungrigen Bauch des Campers schütten. Wir füllen Eis, Wasser und Gas auf. Die nächste Etappe führt uns durch das Tal des Todes, Death Valley, durch die Berge nach Las Vegas.

Während ich mit den Fliegern in Lone Pine fachsimpele, machen sich die anderen mit dem Auto schon auf den Weg. „California-Mike" ist heute mein Co. Wir haben noch genügend Zeit, die Taifun zu waschen, was auf einiges Unverständnis am Platz stößt. Viel zu heiß zum Waschen, meinen sie. Uns jedoch erscheint das kühle Wasser als Erfrischung. Ich ergänze unsere Notausrüstung um 20 Liter Wasser, dann brechen wir auf.

Entlang der Berge führt uns der Flug in die Wüste – ins Tal des Todes. Und so sieht es auch aus – kein Leben rührt sich hier. Was müssen die Pioniere, die nach Westen zogen, vor 200 Jahren gefühlt haben? Das, was im Osten hinter ihnen lag, war sicher schon schlimm genug. Aber nun, kurz vor dem Goldenen Westen, lagen 100 Meilen unbarmherziger, schatten- und wasserloser Wüste vor ihnen. Was für eine Willensstärke müssen diese Leute gehabt haben. Wenn man einmal selbst gesehen hat, was diese Menschen für unmenschliche Strapazen hinter sich bringen mußten, versteht man, warum man in den USA die Pioniere so verehrt.

Während Mike und ich in sicherer Höhe über der Wüste schweben, haben wir kurz Funkkontakt mit dem Camper. Er schnauft schwitzend in der unmenschlichen Hitze durch die Berge. Als wir den Funkkontakt verlieren, macht unser Motor noch einen Schnaufer und bleibt stehen. Einfach so. Der Schreck fährt mir gewaltig in die Glieder. „Nicht hier, bitte, nicht in dieser Wüste", höre ich mich sagen. Der rechte Tank ist noch ein Viertel voll,

der linke ganz voll. War da nicht schon mal in San Francisco . . .? Ich schalte um und die Benzinpumpe ein und zähle bis 25. So lange dauert es, bis der Sprit wieder im Vergaser ist. Bei 24 läuft der „Limbach" wieder und tut so, als wenn nichts gewesen wäre. Ich mache „Pff", und Mike bekommt seine normale Gesichtsfarbe wieder. Was zum Teufel ist das? Ich habe doch in San Francisco alles überprüft. Die Tanks sind sauber, die Entlüftung funktioniert. Es sollte noch lange dauern, bis sich die Ursache herausstellte . . .
Nach zwei Stunden liegt der Death-Valley-Airport vor uns. 280 ft liegt er unter dem Meeresspiegel. Das Außenthermometer zeigt 53 Grad an. Wir steigen aus — ein scharfer, heißer Wind erschlägt uns fast. In der Gluthitze binden wir die KONO fest und decken die Instrumente mit der Reflexfolie ab. Wir suchen Schutz in der Hütte und bitten das Hotel, uns abzuholen. Das Wasser aus der Leitung wird auch nach zehn Minuten nicht kühler. Es ist so heiß, daß man es kaum anfassen kann. Als der Wagen nach 15 Minuten noch nicht da ist, wird es uns zu heiß. Es ist einfach nicht auszuhalten. So gehen wir zu Fuß. Nach zwei Meilen glaube ich, völlig verdörrt zu sein. Der an der Straße liegende Golfplatz mit seinem satten, grünen Rasen scheint aus einer anderen Welt zu kommen. Wie kann hier noch etwas wachsen? Dann kommt uns der Wagen entgegen und bringt uns in das Restaurant mit der Klimaanlage. Wir schütten eiskalte Flüssigkeit in uns hinein und finden die Welt wieder schön. Es ist nachmittags um 16 Uhr. Bei diesen Temperaturen ist an einen Start für mich nicht zu denken, ich will den Motor ja nicht ruinieren. Außerdem möchte „California-Mike" lieber bei Nacht nach Las Vegas fliegen. Weil das so toll aussieht, sagt er. Man kommt über den letzten 9000 ft hohen Berg — und dann steht da Las Vegas wie ein leuchtender Tannenbaum in der Wüste. Lieber Mike, sage ich, ich werde den Teufel tun und irgendwo nachts hinfliegen, wo ich noch nie war — und dann noch über Berge und Wüste. Mike akzeptiert, aber begreift nicht. Ich erkläre ihm, daß Nichtflieger immer so mutig sind, weil sie sich noch nicht so oft erschrocken haben. Das begreift er dann. Außerdem sitzt der Schreck mit dem Motoraussetzer noch zu tief in mir. Zwar habe ich wieder alles mögliche überprüft, nur einen Grund für das frevelhafte Tun fand ich nicht. Also beschließen wir, um 19 Uhr zu starten. Als Flugzeit habe ich 90 Minuten ausgerechnet. So sollten wir gegen Sonnenuntergang in North Las Vegas aufsetzen.

Der Tankwart fährt kurz vor 19 Uhr mit uns hinaus, wir tanken die KONO voll und starten um 19.01 Uhr bei 48 Grad Außentemperatur. Das ist nun auch der Taifun und dem Limbach zuviel — von Steigen kann keine Rede mehr sein. 3000 ft Höhe müssen wir haben, sonst geht's nicht über die Berge. Bevor alle Nadeln den roten Bereich erreichen, nehme ich die Leistung heraus und versuche, thermische Höhe zu gewinnen. Aber Thermik ist auch nicht.
Ich habe ein Auge zuwenig: Eines hängt am Vario, das andere an Öl- und Zylinderkopftemperatur, das dritte (fehlende) späht für den Fall des Falles nach Landemöglichkeiten. Alle sehen nichts Gutes. Das Vario zeigt minimales Steigen an, abgelöst von heftigem Sinken. Die Nadeln der Temperaturanzeigen schleichen sich immer in Richtung „Rot" davon, und landen kann man auch nirgends. Außerdem läuft die Zeit. Daß ich die lächerlichen 3000 ft Höhe nicht erreiche, damit habe ich nicht gerechnet — hätte ich aber tun sollen. Im Geiste rechne ich schon, wann wir denn in Las Vegas ankommen. Bei allem „Hinrechnen", Tag würde es nicht mehr sein. Während ich überlege, den Flug abzubrechen und wieder in Death Valley zu landen, haben wir etwas Höhe gewonnen. Als wir nach 45 Minuten endlich 3000 ft hoch sind, will ich die mühsam erkämpften Füße auch nicht wieder aufgeben. Also — auf nach Las Vegas.

Zuerst können wir uns noch an den Highway halten. Highway bedeutet hier Menschen, Leben, sollte man hier runter müssen. Das einzige Mal, daß ich keine Funkverbindung irgendwohin hatte, war hier, zwischen Death Valley und Las Vegas. Wir fliegen über lebensfeindlichem Gebiet. Dann verlassen wir den Highway und wählen den kürzeren, den direkten Weg. Vor uns steht drohend der letzte über 9000 ft hohe Berg.
Inzwischen ist es etwas kühler geworden. Ich lasse die Taifun vorsichtig steigen. Als wir

Doch im Dunkeln . . .

dann unsere 9000 ft erreicht haben, ist Mikes Wunsch in Erfüllung gegangen — wir fliegen — einen einmalig schönen Sonnenuntergang hinter uns lassend — bei Nacht nach Las Vegas.

Der Anblick ist wirklich unvergeßlich. Las Vegas ist eine „künstliche" Stadt — errichtet mitten in der Wüste, am Leben gehalten durch Klimaanlagen, Spielcasinos, Touristen, die bereit sind, sich ausnehmen zu lassen, Mädchen, die bereit sind, sich aushalten zu lassen, Plastikwelt in Perfektion. Ich war schon mal da und mag es nicht. Aber gesehen haben muß man es. Und so, wie wir es sehen, das ist schon ein traumhafter Anblick. Gut kommen wir über den hohen Berg. Die Sonne versinkt glutrot hinter uns — vor uns liegt Las Vegas. Millionen Kilowatt lassen es wie einen überdimensionalen Weihnachtsbaum voller Lichter vor uns stehen. Der Anblick überwältigt. Mike sieht mich triumphierend an, als wollte er sagen: „Na, hab' ich's dir nicht gesagt?"

Wir haben Funkkontakt mit „Las Vegas Int.", und ich sage meinen Vers auf. „This is Taifun D-KONO, how do you read me?" Und was jetzt kommt, ist die typische Unterhaltung mit dem Tower. „Taifun what???", fragt der Tower. „Taifun D-KONO", antworte ich pflichtgemäß. „Stand by." Mach' ich. „What is Taifun?", fragt der Tower. „Type of Airplane." „What kind of airplane is a Taifun?" „A German powered glider", sage ich. Längere Pause. Gewöhnlich fallen an dieser Stelle andere Piloten mit Fragen ein. What is the glide-ratio, the price, and so weiter. Daß ich im Moment viel lieber einen Radar-Vektor nach North Las Vegas haben möchte, interessiert außer mir keinen. Endlich fragt der Tower, was ich denn gerne möchte. Das hört sich dann im Originaltext so an: „Okay, german glider zero november zero, what can I do for you?" „Transponder is on 1200 and we like to have a radar-vector to North Las Vegas." „Okay, you are radar identified, turn left to 330 and descent to 2500 ft."

Na endlich, mir ist es hier doch lieber, wenn sie mich „ans Händchen" nehmen. Zwischendurch muß ich Fragen über den Flieger beantworten und treffe auch einige Verabredungen mit Piloten, die uns einige Tage später im Grand Canyon besuchen wollen. „Ich muß bloß noch meine 747 nach New York zurückbringen, dann komme ich gleich rüber", sagt Charles. Charles ist Pilot bei „United", nebenbei Segelflieger und als solcher an dem seltsamen Vogel interessiert. Überflüssig zu sagen, daß er drei Tage später auf dem Airport steht. Las Vegas gibt uns inzwischen weiter. „Your Airport is 10 Miles ahead in your 12 o' clock position", sagt die hilfreiche Stimme im Radio. Und wirklich — deutlich sehe ich North Las Vegas. Ich bedanke mich und schalte auf North Las Vegas Tower um. Dasselbe Spiel — nachdem ich erklärt habe, was für ein seltsamer Vogel ich doch bin, erhalte ich „Frei zur Landung auf 21, report final".

Klappt ja alles ganz toll. Ich bin im Final und melde das auch. „Report short final." Mach' ich auch. Zwischendurch beobachte ich noch, wie ein Flugzeug startet. Muß ein Jet sein, steht gut im Futter und steigt wie verrückt. „KONO, was ist Ihre Position", fragt der Tower. „Short final", antworte ich. „Habe Sie nicht in Sicht." Na, muß der aber schlechte Augen haben, denke ich. Positionslampen, Landescheinwerfer und Strobe-Light sind an, und der sieht uns nicht. Ich checke kurz den Kreiselkompaß — und traue meinen Augen nicht — er zeigt mir 250° an. Und der Magnetkompaß in etwa auch. Irgend etwas stimmt hier doch nicht. Dann berühren die Räder die Bahn. Ich höre noch, wie der Tower sagt „KONO, I want you to switch back to Las Vegas Radar", aber da waren wir schon gelandet. Irgendwie war mir das alles nicht geheuer. Irgendwie roch das alles nach einem kapitalen Fehler. Aber warum? Meine Planung war ordentlich, die Zeiten paßten, an sich sollte alles o.k. sein. Wir rollten auf der Bahn aus. Alles ist so merkwürdig dunkel. „California-Mike" bemerkt beiläufig „look, they have a lot of military airplanes here", guck mal, sagt er, 'ne Menge Militärflugzeuge haben die hier. Ich gucke und wünsche, daß das, was ich da sehe, alles nicht wahr ist. Im Halbdunkel sehe ich AWACS, F-15, F-18, Hercules, überhaupt alles, was die westliche Welt zu bieten hat. Und das ist ja bekanntlich eine ganze Menge. Die Landebahn hört überhaupt nicht auf. Kein Licht erleuchtet sie. „Oh shit", ist alles, was

**Chris Sorensen in der Bell 212
– harte Luftarbeit
Foto: H. Kampik**

mir dazu einfällt. „Mike, I'm afraid, we'll get a lot of trouble." Mike, habe ich noch in Death Valley gesagt, ich fliege nachts niemals irgendwo hin, wo ich noch nicht war, das kann 'ne Menge Ärger geben. Und ich habe es doch getan. Froh bin ich nicht, daß sich meine Prophezeiung bestätigt, aber daß ich mich selbst einen Idioten schimpfe, hilft mir auch nicht weiter. Ich habe keine Ahnung, wo ich gelandet bin. Nur, daß das nicht North Las Vegas ist, ist nicht schwer zu erraten. Eine Sekunde durchzuckt mich der Gedanke, einfach den Stachel wieder reinzuschieben und mich schnellstens von diesem Ort – wie immer er heißt – zu entfernen. Dann sagt die Vernunft, das doch besser zu unterlassen. Weil, wenn dieser Platz wirklich so kriegerisch ist, wie die hier stehenden Flugzeuge den Eindruck vermitteln, eventuelle Mißverständnisse zweifellos zu meinem Nachteil gereichen werden. Zwar ist die Taifun ein tolles Flugzeug und sicherlich auch dem ganzen kriegerischen Gerät hier im Kurvenkampf überlegen. Nur sind die einfach in der Überzahl und außerdem besser bewaffnet. Und – viele Hunde sind des Hasen Tod – besser, wir ergeben uns. Aber auch das ist gar nicht so einfach – wo rollen wir von der Landebahn ab? Ich entschließe mich, sie einfach freizumachen und rolle nach rechts raus. Daß wir auf irgendeinem kriegerischen Platz gelandet sind, steht inzwischen völlig außer Zweifel. Aber warum? Bei meiner Vorbereitung habe ich keinen Militärplatz auf der Karte gesehen. So stehen wir ziemlich verloren zwischen einigen Tomcats und harren der Dinge, die unweigerlich kommen müssen. Die lassen aber ein bißchen auf sich warten. Dann endlich kommt Leben auf den Platz. Lichter gehen an, Jeeps kurven aufgeregt herum – und ein riesig großes Stück Stahl kommt auf uns zu. Ein „Destroy-Truck" ist das wohl. Ich habe davon schon 'mal etwas gehört. Wenn irgend etwas Fremdes auf Militärplätzen landet und sich nicht benimmt, wie man sich das vorstellt, fährt dieses Riesending aus Stahl einfach einmal drüber und macht es ganz platt. Ich gestehe, mir ist nicht wohl. Dann bleibt das Ungeheuer zehn Meter vor uns stehen. Wir benehmen uns wohl richtig und bleiben ganz still sitzen. Wahrscheinlich sind wir auch zu klein, um irgend jemandem hier Angst einzuflößen. Wahrscheinlich sind Mike und ich die einzigen, die Angst haben. Aber er bleibt ja stehen. Dann sind auch die Jeeps da. Und mit ihnen Männer mit Gewehren. Ganz vorsichtig mache ich die Haube auf. Als sich kein Widerstand regt, steige ich – ganz vorsichtig – aus und nehme erst einmal die typische Demutshaltung ein. Das heißt, Ohren hängen lassen und auf Fragen warten. „What are you doing here?", was macht ihr hier, fragen sie uns. Gute Frage, wüßt' ich ja selber gerne. „Wir sind hier gelandet", antworte ich. Das entspricht zwar den Tatsachen, befriedigt aber den Fragesteller nicht. „Do you know, where you are?", fragt er. Das ist peinlich, ich weiß es wirklich nicht. Nur, daß ich nicht da bin, wo ich gern sein möchte, das weiß ich ganz genau. Aber das interessiert mein Gegenüber sicher auch nicht. „I am a German, and we try to land in North Las Vegas", erkläre ich ihm. Mein Gegenüber grinst breit und erklärt: „You landed at Nellis Air Force

Kurze Hosen und lange Gesichter . . .

Base", eine der größten Air Force Bases in den USA. Ich gebe zu, mich rührt der Donner. Wie habe ich das denn bloß hingekriegt? Mehr und mehr Menschen kommen zur KONO und ihrem recht dumm aus der Wäsche sehenden Piloten. Ich denke an kahle Zellen, endlose Verhöre und das vorläufige Ende unseres langen Fluges. Mike und ich stehen in unseren kurzen Hosen mit der Taifun auf Nellis Air Force Base – und warten auf unser Schicksal . . .

Das Schicksal naht mit Riesenschritten – bekleidet mit T-Shirt und Bermuda-Shorts. Der Kommandant von Nellis Air Force Base kommt zu unserem „Empfang". Und mir ist gar nicht wohl in meiner Haut – daß ich einen kapitalen Bock geschossen habe, ist mir klar – nur, warum ich auf dem falschen Platz gelandet bin, dafür habe ich absolut keine Erklärung. Und die sollte ich haben, denke ich mir, denn danach werden sie dich gleich fragen. Dann entspannt sich die Lage ein wenig – ganz so bärbeißig, wie der Commander aussieht, ist er in praxi nicht. Dafür aber Segelflieger, und von der Taifun hat er auch schon mal gehört. Er fragt mich höflich, ob er probesitzen darf. Welch' Frage in diesem Augenblick; hätte er mich gefragt, ob ich ihn nach Oshkosh tragen würde, ich hätte freudig „Ja" gesagt... Ich erkläre ihm den Flieger, das Eis ist gebrochen.

Dann komme ich zu Mark. Er ist Special Agent der United Air Force für „Special Investigations". Was immer das ist, eine Vorstellung hab' ich schon. Er fragt gründlich und ausdauernd. Und freundlich. Gar nicht so, wie ein deutscher Beamter vermutlich fragen würde, dafür erzähle ich ihm aber im Laufe unserer Unterhaltung alles, was er wissen will. Zu verbergen habe ich ja wirklich nichts. Langsam komme ich dahinter, wie es mir gelungen ist, dieses tolle Ding anzustellen: Meine Flugplanung ging bis North Las Vegas. Und nicht weiter. Dort habe ich die Karte umgeschlagen. Dadurch wiederum habe ich von der Existenz der Nellis Air Force Base bis zur Landung nichts gewußt. Als nun North Las Vegas „cleared to land" gab, war ich schon längst drüber weggeflogen, weil Nellis besser beleuchtet war – jedenfalls war das Rotating Beacon heller. So war ich meiner Sache so sicher, daß ich den Kompaß erst kurz vor der Landung checkte. Und das war zu spät, wie man sieht. So kumulieren sich Fehler. Ob ich denn nicht gesehen hätte, daß das Beacon „Grün – weiß weiß – grün" blinken würde. „Weiß – grün – weiß" würde zivil bedeuten, zweimal weiß ist immer ein Militärflugplatz. Wirklich – in diesem Augenblick schämte ich mich für meine Dummheit.

Natürlich kam die obligate Frage nach den an Bord mitgeführten Kameras. Mein Freund Mike ist Fotograf und hat als solcher allein fünf Stück dabei. Ich selbst habe „nur" vier mit. Mark nimmt das mit Stirnrunzeln zur Kenntnis und fragt etwas gequält nach den Filmen. Er verspricht, sie bis morgen entwickelt zu haben. Es ist inzwischen Mitternacht. Meine Frau Jutta, Sohn Gunnar, Hans, Bärbel und Tochter Kathrin Kampik stehen auf der anderen Seite der Scheibe. Im Moment überwiegt noch die Sorge über die Folgen meines frevelhaften Tuns. Aber dann merken sie, daß ich „entlassen" werde. Wozu noch zu sagen wäre, daß die Behandlung auf der gesamten US-Air Base von ausgesuchter Höflichkeit, später sogar ausgesprochener Freundlichkeit war.

Im Stillen male ich mir aus, was denn so in Deutschland passiert wäre, wenn . . . Besser, beschließe ich, ich mal's mir doch nicht aus . . . Dann bin ich bei meinen Leuten – und, geehrter Leser, Sie denken es sich schon – der Spott traf mich hart aus gleich fünf Mündern. Und die sind alle nicht schlecht.

Es gibt Zeiten des Redens und des Schweigens. Für mich – das sagte mein Gefühl – war jetzt die Zeit des Schweigens. Manchmal ist es eben einfach besser, die Klappe zu halten. Und manchmal war jetzt. Als Sohn Gunnar, der mich sonst (zumindest als Pilot) hoch verehrt, auch noch einen, wie nur ich fand, unpassenden Kommentar abgab, machte ich den Versuch einer schwachen Gegenwehr. Ich ahnte schon, alles was ich heute tat, sollte mir nicht gelingen. Trotzdem mußte ich des respektlosen 13jährigen Reden Einhalt gebieten und fühlte mich veranlaßt, seine Geschichtskenntnisse aufzufrischen. Von Christoph Kolumbus erzähle ich ihm, der dachte, in Indien zu sein, wo er doch

Amerika entdeckt hatte. Berühmt ist der Mann geworden aufgrund eines Navigationsfehlers. Und die Indianer heißen nur so, weil der liebe Christoph glaubte, in Indien zu sein. „Lieber Papi, meinst du wirklich, die nennen Nellis Air Force Base nun Schultz Air Force Base, nur weil du hier verkehrt gelandet bist?" „Sohn, du fühlst dich im Kreise der Spötter wohl, darum kannst du dir das leisten"... So fallen wir spät, aber nicht zu spät, in die Spielerstadt Las Vegas ein. Das heißt, die anderen fallen ein, ich falle lieber ins Bett. Heute ist mein Glückstag nicht, das weiß' ich.

Die lärmende Horde fällt am nächsten Morgen über mich her. Gewonnen haben sie alle. Jedenfalls an Erfahrung. Und die, die heute gewonnen haben, glauben, sie gewinnen morgen wieder. Die Betreiber der Glitzerstadt glauben nicht, sie wissen, daß sie immer gewinnen und die Dummen nicht weniger werden. Ich mag Las Vegas nicht und will das nicht verheimlichen. Jeder Dollar, jeder Stein ist verloren von den Dummen, die glaubten, schlauer als die anderen zu sein, die nicht spielen und daher auch nicht gewinnen können. Auch dem Einfältigsten sollte klar sein, daß die Stadt nicht von den Verlusten der Spielbanken so prächtig gedeihen kann. Wenn man das weiß, läßt es sich herrlich hier leben. Nirgends sind die Hotels billiger, das Essen preiswerter als gerade hier. Das Geld wird in den Casinos verdient. Darum hält man die „Nebenkosten" auch gerne so gering. So läßt es sich billig leben. Nur — für was? Besser wir ziehen weiter.

Grand Canyon heißt das Ziel. Sohn Gunnar ist heute „Copi". Wir geben unserem Wohnmobil fünf Stunden Vorsprung — es muß sich mühsam durch die Berge winden, und wir können schließlich 'drüber . . .

So treffen wir Michael Schallok, Major bei der German Air Force. Der Major hat von meinem „Meisterstück" gehört und findet uns in North Las Vegas. Er hat seine 45 bald erreicht und ist damit reif zur Pension. Mit Freunden betreibt er in Kansas City die „Adventure Flight" — eine gute Idee, wie ich meine. Die deutschen Piloten bekommen vorbereitete Touren einschließlich eines erfahrenen „Guide" — so braucht man sich nicht den Kopf über Organisation zu zerbrechen. Mit einer Einladung nach Kansas City verabschieden wir uns. Las Vegas Int. geleitet uns bis zum Hoover-Damm — ein gewaltiger Stausee, wirklich.

Dann liegt der Grand Canyon vor uns. Und das überwältigt. Millionen von Jahren hat der Colorado gebraucht, um sich Hunderte von Metern in das Hochplateau einzugraben. Wie immer knallt die Sonne unbarmherzig vom Himmel. Die Cumuli stehen säuberlich aufgereiht am blauen Himmel und lassen die Turbulenz erahnen. Über dem Canyon herrscht „heavy traffic" — der Ausflugsverkehr ist in vollem Gange.

Die „Scenic-Airline" — von deutschen Auswanderern betrieben, baggert Passagiere zum Tagesausflug zum Grand Canyon Airport. Ich habe den Flug einmal mitgemacht. Die Golden Eagle und Titan wurden genauso gebeutelt wie ich jetzt in der Taifun. Nur — in der Titan war ich der einzige, der das abkonnte. Sieben „Mitflieger" hatten die Tüte vorm Gesicht — und das wiederum war fast zuviel für mich...

Nicht ganz zwei Stunden sind Gunnar und ich nun unterwegs, dann sehen wir Grand Canyon Airport. Ich sage meinen Vers auf — und wundere mich. Statt der üblichen Rückfragen, was für ein komischer Vogel man denn wäre, kennt man uns. Chris Sorensen, unser Fotograf vom Dienst, hat „vorgewarnt".

Zu den normalen Angaben kommt hier immer noch „Density Altitude..." Wir bekamen Density Altitude 9500 ft — 6500 ft liegt der Platz hoch, aber es war nicht mehr so warm. Ich habe mich hier vorher schon zur Vorsicht einmal umgesehen und beobachtet, wie viele Flachlandpiloten „eigenartigerweise" einfach aus drei Meter Höhe auf die Piste donnerten. Die Luft ist eben dünner — also fliegt man besser ein wenig „viel mehr" schneller an. Diesmal hatte ich meine Lektion gelernt. Kurz nachdem ich die Taifun angebunden habe — es weht kräftig, und das läßt die Hitze ertragen —, kommt auch schon unser Camper angeschnauft. Er leidet sichtlich mehr unter dünner Luft und Hitze als die D-KONO. An sich soll es heute Forellen geben. Aber die Fische lieben wiederum uns nicht, also essen

Links und rechts:
Tief im Canyon, 100 ft über dem
Colorado River — was tut man
nicht alles für den Fotografen
Fotos: C. Sorensen

Flugplanung einmal rund
um den Camper
in Tuba City
Foto: H. Kampik

Lieber beten . . .

wir zum einhundertsiebenundzwanzigstenmal Steak. Chris ist auch schon angekommen, und morgen soll noch Dave Matthiesen mit dem Bell JetRanger hinzustoßen – und dann wird wieder fotografiert . . .

Am Nachmittag haben sich alle leidlich vom vorausgegangenen Abend erholt. Chris und Dave sitzen im JetRanger, Hans Kampik und ich in der Taifun. Ich tue alles, was Chris möchte – er ist der Fotograf und als solcher Chef. Allerdings hatte ich mir geschworen, nicht in den Canyon hinabzufliegen.

Als erstes muß die Taifun in 10 000 ft Density Altitude ohne hilfreichen Wind auf der Nase starten. Der Start veranlaßt den Controller zu einem anerkennenden „wow" – denn schon nach 700 m sind wir in der Luft! Vollgetankt und vollbeladen – einige Flugzeuge rollen unter diesen Bedingungen zwei Kilometer, ohne auch nur ein Bein in die Luft zu bekommen, ehe die Piloten einsehen, auf der ausreichend langen Bahn doch lieber auf einen Start zu verzichten.

Dann fliegen wir über dem unglaublichen, gewaltigen Grand Canyon. Wie klein und verloren man sich doch vorkommen kann... Langsamer fliegen, bittet Dave im Hubschrauber. 60 kts möcht' er gerne haben. Das ist soviel nicht bei den gewaltigen Turbulenzen. Die Gurte sind bis zur Erträglichkeitsgrenze angezogen. Dave gibt den Kurs an, wir brauchen „nur" zu fliegen. Chris Sorensen möchte, daß wir tiefer gehen „Wie tief?" frage ich. „As long as you feel comfortable", kommt die Antwort. Wenn's danach ginge . . . So fliegen wir tiefer und tiefer – bis die Taifun endlich nur 150 m über dem Colorado River ihre Bahn zieht. Drohend ragen rechts und links von uns Millionen Jahre alte Steinformationen Hunderte von Metern senkrecht auf. Die haben es gut in ihrem Hubi, denk' ich mir, die können anhalten, wenn sie wollen.

An die Möglichkeit eines Motorausfalls mag ich hier gar nicht denken. Harrys Spruch „Land the plane and walk away" hat hier keine Gültigkeit mehr. Wenn hier etwas passiert, sollte man lieber beten. Das ist die einzige Möglichkeit, die Erfolg verspricht. Die Luft steht hier unten, über 45 °C zeigt das Thermometer an. Umdrehen geht nicht, dafür ist es zu eng. Ich muß Dave Matthiesen vertrauen, er fliegt sein halbes Leben hier und sagt, es geht nach vorn auch hinter der nächsten Ecke weiter.

Fotos hin, Fotos her – „I don't feel comfortable any more", teile ich Chris und Dave mit und versuche, aus dem engen, heißen Tal herauszusteigen. Das ist sogar der thermisch unheimlich gesunden Taifun fast zuviel. Öltemperatur und Zylinderkopftemperatur „machen sich weg" – sagt mein Co, der sie ständig überwacht. Natürlich in Richtung „rot". Und das ist zu heiß. Ich hab' nur den einen Motor in der KONO, also lasse ich's erst gar nicht drauf ankommen. So steigen wir Treppen wie ein Greis: zwei Stufen aufwärts, verschnaufen, zwei Stufen aufwärts, verschnaufen – usw. usw. Dreißig Minuten später sind wir am „Rand" – 6000 ft ist das Plateau hoch. Mir steht der Schweiß auf der Stirn – nicht nur, weil es so heiß ist...

Chris ist Perfektionist. Das Licht am frühen Morgen ist anders. Also verabreden wir uns um 5.30 Uhr in 1000 ft über dem Feuer. Mitten in der Nacht ist das! Chris kennt kein Erbarmen – Dienst ist Dienst. So kreisen Hans und ich kurz nach Sonnenaufgang über der verabredeten Stelle. Wer von den beiden nun verschlafen hat, wird sich nie klären lassen – jedenfalls regt sich, als wir zur Helicopter-Base zurückfliegen, keinerlei Leben dort. Nachdem wir genug Lärm gemacht haben, meldet sich Dave verschlafen im Funk, murmelt unverständlich Entschuldigungen und setzt seine Kaffeemühle in Gang. Das gleiche von vorn – nur müssen wir diesmal nicht wieder zum River runter – Dank dafür Chris . . .

Tuba City heißt die nächste Station, im Indianergebiet. Ich finde eine 3000 ft lange Wüstenpiste vor. Hoffentlich frischt der Wind zum Start wieder auf... Wir machen uns mit dem Camper auf zu den Indianern. Was wir sehen, ist traurig. Der weiße Mann hat hier gründliche Arbeit geleistet. Die ehrlichen Amerikaner sagen, daß das größte Verbrechen in der amerikanischen Geschichte war, diese stolzen Völker in Reservate zu stecken. Eines von vielen schlimmen Beispielen, was passiert, wenn „kultivierte" Menschen versuchen,

„Wilden" ihre sogenannte Kultur zu bringen. Vergessen wurde hier nur — wie überall auf der Welt —, daß diese Menschen vielleicht mehr Kultur haben, als wir ihnen jemals bringen können. Einen Fehler hatten all diese Völker — ihre Kultur war eine andere... So wird dieser Ausflug für mich bedrückend. Verfallene Häuser, bettelnde Chiefs, so heißen die Häuptlinge, degenerierte Menschen, die ihren traurigen Zustand nicht einmal mehr zu verbergen suchen. Selbst der wunderschöne Schmuck, den die Navajos anbieten, kann meine Stimmung nicht ändern. Auch an den anderen ist dieser Tag nicht spurlos vorübergegangen.

Am meisten sind Gunnar und Kathrin, die Kinder, enttäuscht. Sie hatten wohl eher die Indianer aus den Western erwartet, Lagerfeuerromantik und so. Mag sein, daß es das noch gibt. Dann aber nur für zahlende Touristen. So fahren wir recht still zum Flugplatz zurück und kochen wenigstens wie im Wilden Westen — es gibt rote Bohnen mit Corned Beef. Unter Arizonas unbarmherzig brennender Sonne rüste ich die Taifun um — der 125-l-Zusatztank wird eingebaut. Wasser, Notausrüstung und Gepäck werden verstaut. Jutta und ich fliegen über Albuquerque/New Mexico, Liberal/Kansas, Dodge City und Quincy/Illinois nach Oshkosh. Fünfzehn Stunden Flugzeit, außer einigen der berüchtigten Gewitter in New Mexico keinerlei Probleme — Zeit genug für mich, Zwischenbilanz zu ziehen.

Alle Beteiligten waren sich vor dem Abflug darüber einig, daß dieser 30 000-km-Flug durch fast alle Klimazonen dieser Welt für einen Prototypen, wie es die Taifun noch ist, zu früh kam. Bremsen ließ sich das Projekt schlecht — zu viel Arbeit und Geld steckten bereits darin. Außerdem — wann ist man schon mal in der Lage, wie ich einen Sponsor wie „Lord Ultra" in Deutschland zu finden, ohne den ein solches Projekt unmöglich zu finanzieren ist? Also wurden klare Maxime — von mir für mich — gesetzt. Der eigentliche Test wird der Flug quer durch die USA. Etwa 100 Stunden werden hier zusätzlich zu den bereits in Deutschland geflogenen 70 Stunden geflogen. Für den Fall irgendwelcher Schwierigkeiten wäre der Flug abgebrochen, die Taifun nach Deutschland befördert worden, wie sie hergekommen war: per Lufthansa Cargo. Darüber hätte es keine Diskussionen zwischen Bernd Valentin, mir und den anderen Beteiligten gegeben.

Über eines war ich mir klar — zu Hause hätten sie uns (nicht alle, nur die, die ich meine . . .) ausgelacht. Das größte Risiko trug Bernd Valentin — wenn der Prototyp der Taifun, warum auch immer, verlorengegangen wäre, keiner hätte gefragt, warum. Die Buschtrommeln hätten es um die Welt getrommelt. Und unsere Trommler kennen wir ja. Selten halten sie sich an die Noten. Komponisten sind sie alle, meinen, immer neue Passagen in die doch bestehende Partitur bringen zu müssen. Ein wenig ist es das, was Angst macht. Dieser Flug ist außergewöhnlich — am meisten für mich. Wenn aber keiner mehr seine Ideen ausführt — wäre unsere Welt nicht noch ärmer? Ich zähle mich zu der kleinen Schar derer, die noch versuchen, das Mögliche hier und da einmal machbar zu machen, mit aller möglichen Vorsicht.

Dieter Schmitt, den ich verehre ob seiner gewissenhaften Vorbereitung, hat mich das in einer langen Nacht in Heidelberg gelehrt. Ich lese mit Begeisterung die Berichte von Reinhard Furrer im aerokurier, der nicht nur macht, sondern auch trefflich beschreibt. „Hubsi" Waldrich ist auch so einer von den „Verrückten", die immer unterwegs sind. Daß meine ich hier liebevoll. Wer will schon beurteilen, wer die Verrückten wirklich sind? Richard Bachs Bücher habe ich verschlungen — wer erkennt sich nicht irgendwo in der „Möwe Jonathan" wieder?

Angst habe ich nicht davor, auf solch einem Flug zu scheitern — tausend Möglichkeiten gibt es dafür. Angst machen mir die, die grinsend eine typische Handbewegung machen und genau wissen wollen, wieviel Angst ich denn wirklich manchmal gehabt habe. Sie ergötzen sich daran, wenn ich es ehrlich zugebe. Sind denn die nun normal — oder ich? Ich finde es normal, wenn der Mensch in unnormalen Situationen Angst hat — und das auch zugibt. Wie gefährlich wäre es, keine Angst zu haben. Angst schärft — solange keine Panik

Oshkosh: Flugschau der Superlative
Foto: Chris Sorensen

daraus wird — die Sinne. Und das ist wichtig. Andere sagen, der kann ja keine Phantasie haben, wenn er so was macht. Das kann nur einer sein, der nicht zu Ende denkt — oder keine Phantasie hat. Wenn man nicht in der Lage ist, sich auszumalen, was alles auf einen zukommen kann — gibt es dann überhaupt eine Chance, sich darauf vorzubereiten? Viel wäre dazu noch zu sagen — besser, ich verkneife mir einiges... Jedenfalls hat die Taifun ihre Feuertaufe bestanden — bis Oshkosh gibt es nicht ein einziges Problem.

Ein wenig kneife ich — wir fliegen bereits am Donnerstag nach Oshkosh. Da sind außer mir höchstens zwanzig Flugzeuge im Anflug. Und das ist lächerlich zu dem, was ab Freitag hier passiert. Strahlend blauer Himmel — bis zum Horizont reicht die unendlich lange Kette landender Flugzeuge. Das normale Zwiegespräch im Funk gibt es nicht mehr — „weiße Cessna, rote Beech, grünes whatever that is" so tönt es stundenlang aus dem Funk — der Dialog des Controllers mit den Piloten. Es ist unglaublich, wie tausend Flugzeuge an einem Nachmittag vom Himmel geholt werden. Drei Flugzeuge landen zugleich auf der Bahn. Wenn's nicht ganz paßt — „level off, land before the plane in front, Staggerwing, you put it down right to the numbers, okay, all you guys do a wonderful job" — der Controller findet noch Zeit, die Piloten zu loben — wann habe ich das zu Hause zuletzt gehört? Oder hab' ich's noch nie gehört? Jedenfalls scheint mir ein Lob vom Tower relativ fremd.

An der Runway stehen die nächsten FAA-Controller — ihre roten und grünen Kellen, auf die jeder „hört", sind Tischtennisschläger. Und sie lachen und freuen sich, weil alles so schön klappt. Auf der Querbahn startet eine DC-9 — der Linienverkehr geht weiter. Zwanzig Flugzeuge sind, zu einer Perlenkette aufgereiht, im Anflug. „Okay, all you guys in the final, please climb before runway 27 to 500 ft, then descent again." Und die ganze Perlenkette steigt vor der Querbahn auf 500 ft und sinkt dann wieder. Wundervoll sieht das aus — und es funktioniert.

Freitag nacht ist Oshkosh voll. „Das ganze Jahr kennt kein Mensch in den USA Oshkosh. In der einen Woche dann brauchst du dich nur in dein Flugzeug zu setzen und irgendeinem anderen nachzufliegen. Sie fliegen alle nach Oshkosh" — das hat Reinhard Furrer im

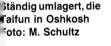

Ständig umlagert, die
Taifun in Oshkosh
Foto: M. Schultz

Mal eben mit Bauken . . .

letzten Jahr im aerokurier so trefflich geschrieben – und eine noch treffendere Bezeichnung habe ich nie gehört. Die Krönung des Ganzen war für mich der „Fly by-pattern": Von 9 bis 15 Uhr kann jeder sein Flugzeug vorführen – wenn er das tägliche Briefing gemacht hat. Das wird einfach kontrolliert – die Karte, die beim Start gezeigt werden muß, wird jeden Morgen anders gezeichnet. Bis jetzt alles noch nicht außergewöhnlich – bis auf die Tatsache, daß der gesamte Verkehr, streng festgelegt, sich zwischen 50 und 500 ft abspielt. Mätzchen jeder Art sind absolut verboten – und keiner versucht es. Immer noch nicht ungewöhnlich? Die in der Platzrunde fliegenden Maschinen haben so unterschiedliche Leistungen – der Langsamste kommt mit seinem „Homebuilt" gerade auf 50 kts, dazwischen toben Quicky 2, Long-EZ und noch heißere Vögel mit 180 kts durch die Gegend, nicht zu vergessen die Trimotor, die fleißig Passagiere wegbaggert. Nicht ungewöhnlich genug?
Gut – die Krönung des Ganzen – 20 bis 50 der unterschiedlichsten Maschinen sind immer gleichzeitig unterwegs – keiner hat sein Funkgerät an! Das ganze funktioniert absolut reibungslos. Und natürlich ohne den kleinsten Zwischenfall. So einfach geht das, wenn man den Piloten nur erlaubt, Gehirn und Auge zu benutzen . . . Nebenbei – weder in Oshkosh noch überhaupt in den USA muß ein Flugzeug Funk haben.

Wenn ich erzähle, daß zu Hause auch der älteste „Platzrundengeier" Tausende von Marken für ein Funkgerät ausgeben muß, lachen sie mich aus . . . Logisch funktioniert dieses System (andere übrigens auch!) nur, wenn alle Beteiligten sich des Vertrauens würdig erweisen und dies durch fast unglaubliche Disziplin zeigen. Wir, die disziplinierten Deutschen, staunen nur über die Disziplin der nicht gerade als preußisch angesehenen Amerikaner. Ein Beispiel aus dem Briefing: Ich bekomme 4 Minuten 30 Sekunden „Demo-Time" mit der Taifun. Mir – und den vor und nach mir fliegenden Piloten – werden die Grenzen abgesteckt. „Dein Programm ist deine Sache. Wer 10 Sekunden länger fliegt, na ja – die Zeit fehlt dem nächsten. Mehr als 10 Sekunden über die Zeit – das war dein letzter Start hier. Bis zum Ostrand der Runway macht, was ihr wollt – einmal drübergeflogen in Richtung Zuschauer – das war dein letzter Flug hier." Und so weiter.

Nicht schulmeisterlich wird das unterbreitet. So, als wüßte man das ja alles schon, erklären sie es uns. Ich lande exakt nach 4 Minuten 30 Sekunden. Und dann kommt doch tatsächlich der „Briefer", klopft mir auf die Schulter und lobt mich für Vorführung und Einhaltung der Zeit, für Selbstverständliches also. Ich nehme das dankbar entgegen – wer braucht Streicheleinheiten dieser Art denn nicht?

Keinen kostet diese Freundlichkeit etwas – aber Gesten wie diese schaffen den Geist von Oshkosh. Als Bernd Valentin und ich „mal eben" den Hauptbremszylinder der Taifun erneuern wollen und daraus eine typische „Mal-eben-Aktion" wird, ist Bauken Noack, unser Freund aus der EAA-Werkstatt, da. Unaufgefordert hilft er wieder – genau wie im letzten Jahr, als mir das Rad meiner RF5 auseinandergebrochen war und Bauken in einer Nachtaktion ein neues baute. Das Geheimnis, warum wir die Luft nicht aus der Bremse bekamen, klärt sich erst viel später. Irgendwo war noch ein kleiner Zylinder, von dessen Existenz nur Eingeweihte wußten . . . Aber den, der den Hauptbremszylinder erst 'mal eingehärtet und dann verschraubt hat, den haben wir gefunden. Und dem haben wir auch Freundliches gesagt . . .

Um die Taifun herum bildet sich in kurzer Zeit die „deutsche Kolonie" – der überall gut gelittene Gert Blessing taucht auf, Jan, sein Copilot Manfred Bachmann, der in diesem Jahr den Oshkosh-Bericht für den aerokurier schrieb, Peter Toffel, der „German Piano Tuner on Tour" ist mit seiner reizenden Frau ebenso da wie Helmut Laurson und zahllose andere. Oshkosh hat etwas, das kann man nicht beschreiben, man muß es erleben . . .

Die Taifun ist von morgens bis abends umlagert. Am zweiten Tag wundere ich mich nicht mehr – wir ergeben uns dem Schicksal und teilen ein. Hans Kampik und Bernd Valentin erklären, ich fliege – 40 Stunden in einer einzigen Woche, immer rauf und runter – wieder komme ich nicht dazu, mir alles andere anzusehen. Dafür entschädigt die Begeisterung der Mitflieger.

Hier ist wirklich die große Chance für die deutschen Hersteller. Amerika lechzt förmlich nach Flugzeugen wie diesem — normal im Handling, mit ausgezeichneten Leistungen und minimalen Verbräuchen. Zwar ist der Sprit hier immer noch halb so teuer wie bei uns — die prozentuale Preissteigerung ist aber fast die gleiche. Und stets ist die erste Frage „how many gallons . . ."

So vergehen die Tage buchstäblich wie im Fluge. Eine Woche ist viel zu kurz. Henry hat uns eingeladen in „Jo's Bar". Jo Poglaszny hat sein Haus während der Convention zur Bar umfunktioniert — die Stelle dafür ist gut, es liegt auf dem Gelände. Es ist schon unglaublich, was wir hier an Gastfreundlichkeit erfahren.

Zwischendurch besinnt sich die Taifun endlich wieder ihrer „Macke" von San Francisco: Wenn ein Tank halbleer geflogen ist, bleibt der Motor stehen. Einfach so. Wenn auf den vollen Tank umgeschaltet wird, geht's wieder. Nach dem x-ten Mal wird mir das zu dumm — der Vogel wird am Nachmittag aus dem Verkehr gezogen. Tanks reinigen, Vergaser dito, Filter überprüfen, Belüftung checken — alles ist o. k. Das Schlimmste ist, wenn man nichts findet.

Weil nicht sein kann, was nicht sein darf, ziehen wir uns spät am Abend zu „Beratungen" in die Bar zurück und diskutieren ausführlich das frevelhafte Tun der KONO. Dann grinst Jan uns breit an. Was denn das für eine Leitung wäre, die beim Kofferraum rausguckt, fragt er. Das ist die Benzinleitung für den ausgebauten Zusatztank. Ob die vielleicht offen wäre, bohrt er weiter. Die Leitung ist offen. Und die Benzinpumpe, schlau wie sie ist, wählt aus einfachen physikalischen Gründen den Weg, den wir alle gerne wählen — nämlich den des geringsten Widerstandes. Und der ist in diesem Falle Luft. Und mit Luft läuft nicht mal der Limbach-Motor. Also stecken wir einen Bolzen in den offenen Schlauch, sichern ihn — und sind um eine bedeutsame Erfahrung reicher. Womit wieder einmal bewiesen wäre, daß fünf Minuten Kopfarbeit zehn Stunden Handarbeit ersetzen können.

Ed Sweeney lädt mich ein, seinen Hummingbird zu fliegen, Vertreter der Newcomer in Oshkosh. Die „Ultralights" schwirren dieses Jahr zu Hunderten in Oshkosh herum. Um die 10 000 DM kostet so ein Hummingbird, zwei Motoren à 18 PS hat er und normale Controls. Ed meint, wir sollten lieber mit zur nahegelegenen Seaplane-Base kommen, dort soll der Hummingbird auf Schwimmer gesetzt werden. Was wir dann sehen, ist wirklich „a lot of fun" — ein Heidenspaß.

Nach etwa 100 m erhebt sich das winzige Gerät mit dem in den Gurten sitzenden Piloten in die Luft und landet später ohne Probleme auf den „Floats". Keine Lizenz, keinen Flugplatz oder zugelassenen See braucht man hier für Ultralights. Einzige Beschränkung: nicht höher als 500 ft.

Ist eigentlich die Luft in den USA so viel anders als bei uns? Muß ja wohl, wenn es da geht und hier nicht . . .

Dann frischt der Wind auf, es wird zu bockig für mich Anfänger. So wird's nichts aus dem Flug. Ich glaub', Hans Kampik und Bernd Valentin waren mehr enttäuscht als ich. Sicher hatten sie sich schon gefreut, mich triefend aus dem See steigen zu sehen — schwimmenderweise, versteht sich . . .

Die Wette am Abend gewinne ich. Weil ich weiß, daß Mark, der Barkeeper im Pioneer Inn, auch nach einem Jahr noch weiß, was ich trinke. „Hi Mike, a Bourbon Coke, the same as last year?" begrüßt er mich.

In Oshkosh funktioniert überhaupt alles. Die Woche vergeht viel zu schnell. Bernd, meine Frau Jutta, Sohn Gunnar, Kathrin und Bärbel Kampik sind Richtung Heimat abgeflogen. Hans und ich haben noch zehn Tage. Drei Tage schieben wir die Packerei vor uns her. Als am vierten Tag alles, was wir nicht in die Taifun kriegen, per Luftfracht nach Quebec aufgegeben wird, ist Air Canada endlich mal wieder „on strike".

Die Post in Kanada streikt sowieso schon lange. Und um das Zeug mit United Parcel

Ein Heidenspaß —
Ed Sweeney mit
seinem
Hummingbird
auf Schwimmern
Foto: M. Schulz

Copi Hans Kampik auf
dem Toronto-Island-
Airport
Foto: M. Schultz

500 ft über den Niagara-Fällen
Foto: H. Kampik

Service zu schicken, müßten wir mitfahren – der Zoll . . . Dazu fällt uns nichts mehr ein. Aber der Air Canada – am nächsten Tag streikt sie nicht mehr. Die Taifun wird wieder auf „Long range" umgebaut, wir verabschieden uns von neuen und alten Freunden.

Dreieinhalb Stunden später landen wir in Toronto Island. Mächtig ärgere ich mich wieder einmal über das Holiday Inn, wo wir nach langem Suchen endlich ein Zimmer bekommen. Keine Macht der Welt vermag es, uns mit Jeans in das Restaurant zu lassen. Wir könnten ja in den Coffeeshop gehen, da gibt's auch Essen, erklärt uns der überaus wohlriechende Kellner mit der Nelke im Knopfloch. Einwände, daß wir in diesem gastlichen Hause wohnen, gelten nicht. Auch, daß kein Platz für Frack und Zylinder im Flieger war, läßt man nicht gelten. Also essen wir Hamburger, besser gesagt, „Pappburger".

Ich kann mich über so etwas immer so schrecklich ärgern . . .

Hans und ich machen einen Ausflug zu den Niagara-Fällen, etwa 30 Minuten Flugzeit von Toronto. Ein beeindruckendes Bild aus der Luft – und viel Verkehr. So viel, daß es sowohl für Helikopter als auch für Flächenflugzeuge eine „Platzrunde" mit spezieller Sprechfunkfrequenz gibt. Die Hubis baggern in Fünf-Minuten-Flügen die Touristen einmal über die Niagara-Fälle. Jedenfalls bevor wir kommen.

Vorschriftsmäßig melde ich den Einflug ins „Pattern". „Hey, there is a glider", ruft einer im Funk. Nee, sag ich, das ist ein Motorsegler. Dann finden erst mal keine Besichtigungen der Niagara-Fälle mehr statt. Stattdessen ist die Taifun von einer Traube von Hubschraubern umzingelt. Eine halbe Stunde erklären wir Flug und Flugzeug, geben Adressen, Leistungsdaten und Namen weiter. Mehr noch: Bevor wir nicht einen Überflug über die Base gemacht haben, entläßt man uns nicht. Abends besuchen sie uns dann in St. Cathrin's. So kommen unsere Kameraden zu begehrten Informationen über den deutschen Wundervogel – und wir zu guten Fotos, da sie uns „ihre" 1000 ft niedrigere Platzrunde zur Verfügung stellen.

Amerika, du steckst voller Überraschungen, vor allem in der Fliegerei.

Weiter geht's nach Quebec – denken wir . . . Die Wetterberatung verspricht, daß die Basis von 1500 auf 4000 ft ansteigen würde, ausreichend gute Sicht verspricht man uns ebenfalls, später sogar „Clear Sky". So beschließen wir, dem Ostufer des Lake Ontario zu

Hans, der Copi . . .

folgen und dann entlang des mächtigen St.-Lorenz-Rivers zu fliegen. Das geht zuerst ganz gut. Zwar ist die Sicht nicht berauschend, aber 3 km sind es wohl doch. Die Basis liegt bei 2000 ft. Trotzdem ist mir nicht ganz wohl. Watertown-Airport meldet ausreichendes VFR-Wetter. Doch ehe ich's richtig bemerkt habe, sinkt die Basis ab. Auf 1000 ft gehen wir runter, aber es wird nur noch diesiger – sicher auch ein Einfluß des großen Lake Ontario. Richtung Westen sieht es besser aus. Also entschließe ich mich, Richtung Kingston, auf der Westseite des Sees, zu fliegen und steige. Die blauen Löcher sind groß genug, mir scheint es sicherer, on top zu gehen, als in der Suppe nach St. Cathrin's zurückzufliegen. Immerhin sieht es so aus, als wären wir gleich drüber. Dann kommt die nächste Schicht. In 10 000 ft erreiche ich den Tower von Kingston, das ADF zeigt mir schon lange den Weg. Ich schildere meine Lage und Absicht. Und die Lage wird langsam ungemütlich. Die Wolken haben sich übereinander geschichtet, wir kurven um die Türme herum. Die Taifun ist mit maximaler Abflugmasse von 950 kg gestartet. Das Steigen über 10 000 ft ist also nicht berauschend. So fragt uns der Tower-Mann in Kingston, ob wir einen Emergency erklären wollen. Dazu ist nun auch wieder kein Anlaß. Wir fliegen unter Sichtflugbedingungen, es ist früher Vormittag, und wir haben noch für 13 Stunden (!) Benzin in den Tanks. Wenn wir aber keinen Emergency riefen – so werden wir belehrt – dürften wir nicht weiter steigen, weil in Kanada VFR on top verboten ist.

Ich reagiere etwas gereizt. Zeit für Diskussionen ist jetzt nicht. So erbitte ich die Frequenz von Toronto. Die Profis dort geben mir einen Transpondercode und versprechen, das Wetter auszuchecken. Mein Copilot, Hans Kampik, erfreut sich wieder einmal an den schönen Wolkenformationen, während ich die Taifun in immer größere Höhen zwinge. Endlich – in 14 500 ft – sind wir ganz oben. Wohl ist mir immer noch nicht – endlos scheint die Wolkendecke zu sein. Zwei Dinge beruhigen mich, die KONO ist – für den Notfall – einschließlich ILS und Marker mit allem ausgerüstet, ich habe – auch nur für Notfälle – ein gutes IFR-Training in den USA gemacht und beruhigende 13 Stunden Sprit im Tank.

Dann meldet sich die ruhige Stimme von Toronto Control – Ottawa hat hervorragendes Wetter anzubieten. Sie geben uns Radarführung, VOR und ADF zeigen den Weg – die Welt ist wieder in Ordnung. Etwa eine Stunde später – wir sinken auf für Mensch und Maschine erträgliche 13 000 ft – reißt die geschlossene Wolkendecke auf. Ottawa liegt vor uns. Bevor wir nach der Landung das Funkgerät abstellen, bittet man uns, den Tower anzurufen. Noch einmal will man mich über die mir bekannten Sichtflugregeln aufklären. Deutlich sage ich meine Meinung zu den beiden Flugwetterberatungen von St. Cathrin's und Watertown.

Zehn Minuten später sind meine Angaben überprüft, man entschuldigt sich für die mangelhaften Vorhersagen, Computer-trouble soll die Erklärung sein. Dann sind wir mit den besten Wünschen für einen angenehmen Aufenthalt in Kanada verabschiedet.

Vor der Taifun hat sich inzwischen die übliche Menschentraube gebildet. Einer kommt auf uns zugestürmt – und kann vor Aufregung kaum sprechen. Gerade eben hat er mit einem Freund über die Taifun gesprochen, die er in Oshkosh gesehen hat und mit der er so gern geflogen wäre. Dann guckte er zufällig in den Himmel – und die KONO ist im Anflug. Unfaßbar für „Igi" Malle, dem Österreicher, der hier seit ewigen Zeiten ein Catalina-Flugboot fliegt. So geht sein Wunsch in Erfüllung – Igi ist ein so begeisterter Flieger, daß ich nicht nein sagen kann. 25 000 Flugstunden hat er im Buch und freut sich doch wie ein Kind über den Flug . . . Neben der Taifun steht eine kanadische PA-28 – mit dem „Hummel-Hummel"-Aufkleber, unserem Hamburger Wahrzeichen . . . Wie das? Bill McClary hat der Wibke aus Hamburg mit Zelt und Flugzeug Alaska gezeigt und ist jetzt Hamburg-Fan . . .

Igi Malle zeigt uns die Stadt – eng liegen Geschichte und Gegenwart in Ottawa zusammen. Englische und französische Einflusse sind hier vereint, in ganzen Stadtteilen wird nur französisch gesprochen. Ein Stückchen weiter paradiert die „Guard", als wäre sie direkt vom Buckingham-Palast hierher gekommen. Der Abend vergeht mit Igi Malles Erzählungen. Und wer 20 000 Stunden im Busch geflogen ist, der kann Geschichten erzählen . . .

Weiter geht die Reise nach Quebec. Ray Fiset hat uns eingeladen. Ray ist vor zwanzig Jahren einem Kind hinterher gesprungen, das in einen Propeller zu laufen drohte. Dem Kind passierte nichts — Ray Fiset aber sitzt seitdem im Rollstuhl. Nun ist er aber keiner von denen, die bedauert werden wollen. Seit zig Jahren sitzt er im Informationsstand der EAA-Convention in Oshkosh und beantwortet mit Engelsgeduld Fragen, sammelt Verlorenes und ist immer fröhlich dabei. Wir lernten ihn kennen, als meine Frau Jutta im letzten Jahr dann doch einen Tag vor mir in Oshkosh ankam. Ray kümmerte sich rührend um sie, besorgte Zimmer (wer Oshkosh kennt, weiß, daß dies die schwerste Übung in dieser Zeit ist) und fand heraus, wo ich damals bei meinem ersten USA-Motorseglerflug mit der RF5 steckte. Ray Fiset leitet das „EAA-Chapter 173" in Quebec. Außer ihm und seinen Freunden war auch dann die Presse in Quebec vertreten. So finden Hans und ich uns am nächsten Morgen auf den örtlichen Titelseiten wieder. Hier zählt die Fliegerei noch etwas in der Öffentlichkeit.

Ray, Freundin Lucie und seine Fliegerkameraden überschütten uns förmlich mit ihrer Gastfreundschaft. Unvergeßlich der Abend in dem dreihundert Jahre alten Restaurant 50 km vor Quebec: Originelle historische Gerichte stehen auf der Speisekarte. Am meisten beeindruckt uns der Kuchen zum Nachtisch. Es ist Weißbrot, überzogen mit einer Mischung aus Honig und anderen überaus wohlschmeckenden Ingredienzen.

In Quebec wird mehr französisch als englisch gesprochen. Oft kommt man mit Englisch überhaupt nicht weiter. Die Stadt hält für den unvorbereiteten Besucher wirklich Überraschendes bereit. Quebec ist die älteste Stadt auf dem nordamerikanischen Kontinent. Und der historische Stadtkern ist völlig erhalten. Eine Stadt wie Heidelberg an den schönsten Stellen, dazu französischer Charme und Lebensart — Hans und ich sind ehrlich begeistert von dieser Stadt.

Weniger begeistert sind wir, als wir unser eine Woche vorher per Luftfracht in Oshkosh aufgegebenes Gepäck abholen wollen. Hans Kampik muß am nächsten Morgen um 7.00 Uhr zurück in die Heimat fliegen. Jetzt ist Freitag nachmittag. Und man erklärt uns lapidar, das Gepäck mit 1000 Dias von Chris Sorensen, meiner Ausrüstung für den Rückflug und den Utensilien von Hans sind weg. Einfach so. Und morgen wäre Sonnabend und sowieso geschlossen.

Ich hole tief Luft. Dann dauert es noch zwei Minuten, bis der Frachtmensch auf Drehzahl kommt. Die Frage, was ihm lieber sei — sofort unser Gepäck zu suchen oder morgen mit seiner Airline in der Zeitung zu stehen — beantwortet er uns durch ungeheuere Aktivität. Manchmal muß man ein bißchen mit dem Fuß auf die Erde stampfen, um Leute zu wecken. Was er dann herausbekommt, trägt auch nicht zur Erheiterung bei. Die Airline in Oshkosh hat die Fracht mit dem Vermerk „Zahlung bei Abholung" deklariert. Nun gibt es diese Versandform bei der kanadischen Gesellschaft aber nicht. So hatten diese Witzbolde das Gepäck einfach wieder ausgeladen und in Chicago liegenlassen. Schon stark, was glauben die Leute eigentlich, weshalb man viel Geld für die Luftfracht ausgibt? Wer nun glaubt, das Gepäck würde nun schnellstens verladen werden, der irrt. Als freundliches Bitten nicht hilft, schlagen wir Krach — und diesmal richtig. Und dann spielen die Computer, suchen die schnellste Verbindung heraus — Sonnabend abend soll alles da sein. Der freundliche Zöllner, der dann nicht da ist, hilft auch — es geht doch. Warum nicht gleich so? Spannend bleibt die Geschichte aber bis zur letzten Minute — Hans muß Montag zurück sein, und der nächste freie Platz nach Sonntag steht erst Mittwoch zur Verfügung. Sonnabend abend schließen wir unser Gepäck glücklich in die Arme — wirklich, so war es.

Für mich wird es nun ernst — Hans hat seinen Sitz in der KONO für meine umfangreiche Ausrüstung geräumt. Den Sonntag benutze ich zu einer gründlichen Inspektion der Taifun.

Flying Hamburger?

Dann beginnt die Kunst des Packens. Es geht nicht darum, die 80 kg in den Flieger zu bekommen – das wäre kein Problem. Das Zeug muß jedoch so rein, daß im Notfall alles in der richtigen Reihenfolge abläuft. So wird einer der drei Notsender im Schlauchboot verstaut, etwas Notverpflegung, Leuchtpistole samt Munition und Farbmarkierungsbeutel werden am Boot angebunden. Die Reißleine des Bootes wird am Flugzeug verzurrt, zusätzlich wird es mit einer zwanzig Meter langen Leine gesichert. Wenn sich so ein kleines Ding erst mal aufgeblasen hat, nimmt es nämlich schon bei leichtem Wind mehr Fahrt auf, als ich jemals schwimmen kann. Also muß es gesichert werden. Das solide Messer sollte man tunlichst „am Mann" tragen – was nützt die ganze Vorsorge, wenn vielleicht das Flugzeug mit festgebundenem Boot gluckernd in die Tiefe entschwindet? Dafür das Messer! Der zweite Notsender wird später ebenfalls im Überlebensanzug verstaut, ein dritter im Flugzeug eingebaut. Zuviel? Mag sein, einer zu wenig wäre allerdings fatal! Ein Gürtel mit Überlebensausrüstung wie Signalspiegel, Notkompaß, Trockenspiritus, Angelzeug, Säge und ähnlich nützlichen Dingen folgt. Schaufel, Benzin-kocher (Benzin, weil man das eher hat als Spiritus oder Petroleum . . .) Notverpflegung, wohlschmeckende aus Norwegen habe ich da, wasserdichte Taschenlampe, UKW-Seefunkgerät (kann sein, man erreicht ein Schiff per Funk), tragbares 720-Kanal-Flugfunkgerät von Becker, läßt sich notfalls gegen das im Panel austauschen, Daunen-schlafsack und Zelt bilden das Ende. Das Zelt ist so eines, daß man auch mit einem gebrochenen Arm noch aufbauen kann. All das wird in logischer Reihenfolge am langen Tau festgebunden. Über Land nicht so wichtig, sollte man jedoch in den „Bach" fallen, kann es durchaus eine Überlebensfrage werden, wieviel Ausrüstung man aus einem sinkenden Flugzeug herausbekommt. Das Tau, an dem alles hängt, wird am Flugzeug festgebunden. 20 Liter Wasser ergänzen später die Ausrüstung. Alles hat seinen Platz gefunden. Etwas wehmütig verabschiede ich mich von Ray und seinen Freunden. Fürs Fernsehen macht die schwerbepackte Taifun noch einen Vorbeiflug in gerader Haltung, dann nehme ich Kurs auf die kanadische Wildnis: Sieben Stunden Flug nach Schefferville liegen vor mir.

Besser, man nimmt in dieser Gegend nicht den direkten Weg, denn er führt durch „unbemenschte" Wildnis.

Ich fliege den mächtigen St. Lorenz River Richtung Osten. „Are you the flying Hambur-ger?", fragen mich die Leute von Baie Comeau, als ich den Platz überfliege. Als ich letztes Jahr hier vobeikam, baten sie mich, doch mit der RF5 einen Überflug zu machen. So entspinnt sich ein lustiges Gespräch. Ob „fliegender Hamburger" ein Kompliment war, weiß ich bis heute nicht . . .

Bei Sept Iles geht's dann „nach links" ab, der Eisenbahn bis Schefferville folgend. Die Landschaft unter mir verändert langsam ihr Gesicht. Sind es zuerst noch Wälder und Berge, komme ich langsam in die endlos wie einfarbig grandiose Tundralandschaft – und dann ins Land der zigtausend großen und kleinen Seen. Die Eisenbahn von Sept Iles nach Schefferville ist für lange Zeit das letzte Stück Zivilisation, so wie wir sie kennen. Als man vor einigen Jahren in Schefferville Eisenerz fand, wurde sie gebaut. Aus dieser Zeit stammen auch die zahlreichen Landepisten entlang der Bahn. Ich habe alle im letzten Jahr in die Karte eingetragen, als Notlandebahn sind sie allemal gut. Aber Gedanken dieser Art habe ich im Moment nicht – es ist Traumwetter, Sicht „von Pol zu Pol", ein bißchen Rückenwind – Fliegerherz, was willst du mehr? Zwischendurch versuche ich, die Länge der Eisenerzzüge zu schätzen – es gelingt mir wieder nicht. Aber daß sie länger als 10 km zu sein scheinen, darauf verwette ich meine Schreibmaschine. Zwar brauche ich bei diesen Bedingungen weder VOR noch ADF – trotzdem ist es gut zu wissen, daß das Gebiet funknavigatorisch gut abgedeckt ist.

Nach 6 Stunden und 22 Minuten Flugzeit lande ich in Schefferville. Schade – mein Gastgeber, der mir im vorigen Jahr „Tisch und Bett" gab, ist nicht zu Hause. Die Jagdsaison beginnt erst einige Tage später, und Big Fritz ist noch in Montreal. Dafür steht eine Hercules des SAR -Dienstes auf dem Platz. Ob was passiert ist, frage ich. Zum Glück nicht, die amerikanische Air Force sucht nach Weltkrieg-II-Flugzeugen, die in diesem Gebiet verlorengingen. Man braucht u. a. noch einige Teile, um historische Flugzeuge wieder aufzubauen, will aber auch Schicksale von Besatzungen aufklären: Und heute war ihr Glückstag – auf dem Grund eines der vielen Seen haben sie noch eine B 17 gefunden. Viel Aufwand, um Flugzeugtrümmer zu finden? Wohl mehr ein Beweis, wie man hier zur Fliegerei und Luftfahrtgeschichte steht . . .

Ich spiele das alte Spiel mit der Hercules-Besatzung – die zeigen mir ihren Flieger, ich erkläre die Taifun. Nebenbei gibt's von den erfahrenen Search-and-Rescue-Leuten nützliche Tips – und das Versprechen, im Falle eines Falles sofort zu kommen. So gestärkt geht's am nächsten Morgen weiter nach Fort Chimo. Fort Chimo heißt aber nicht mehr Fort Chimo, wie es noch auf der Karte steht. Die eingeborenen Eskimos haben sich in der Makavik-Bewegung organisiert. Makavik heißt etwa „Wacht auf". Und weil die Eskimos aufgewacht sind, heißt Fort Chimo nun Kuujuak. Und ich brauche eine ganze Weile, um Kuujak im Jeppesen zu finden. Das Wetter ist so, als wolle es alles wieder gutmachen, was es mir hier vor 12 Monaten angetan hat: Eine Woche hing ich damals mit meiner RF5 fest, während gerade die EAA-Convention in Oshkosh anfing und alle auf mich warteten. Nun ist Clear Sky. Und das heißt hier, daß man wirklich Hunderte von Kilometern sehen kann. Kein Staub und Schmutz trübt die Luft, der Himmel ist blauer als blau, und „Fliegen ist schön".

Das VOR von Schefferville zeigt mir den Weg – als es unruhig wird, empfange ich längst das Beacon von Fort Chimo, kurz darauf meldet sich auch das VOR wieder zum Dienst. Die Gegend unter mir wechselt dauernd die Farbe. Grün ist die Tundra, fast weiß die Felsenlandschaft dazwischen. Deutlich sehe ich die vielen Karibu-Pfade in der Landschaft. 60 km rechts vom Kurs fließt der Whale-River. Ich sehe einen Teil des gewaltigen Hydro-Projektes – eine riesige Region wurde in den letzten Jahren mit Wasserkraftwerken überzogen. Heute steht das Projekt kurz vor dem Abschluß – so viel Elektrizität wird hier erzeugt, daß große Kapazitäten in die USA verkauft werden können. Dann sehe ich den Koksoak-River. Fort Chimo liegt an der Nordseite, kurz bevor der Koksoak in die Ugava-Bay mündet.

Ich sage meinen Vers auf und setze auf der langen Asphaltpiste auf, rolle zum Abstellplatz – beim Gasgeben muckt der Motor ein wenig. Besser, ich checke ihn nochmal. Ein Auto fährt vorbei, bremst in einer großen Staubwolke und – Alice steigt aus. Alice arbeitet bei Jonny Mays Air Charter und hat während meines letzten Aufenthaltes alles für mich organisiert, was manchmal schwer zu bekommen ist. Nun kriegt sie große Augen, als ich schon wieder hier rumstehe. Die Freude ist groß – soviel „Besuch" kommt hier ja nicht vorbei. Sorgfältig hat sie Bilder und den aerokurier, was ich ihr schickte, aufgehoben. Jonny May macht seinen Air Charter mit drei de Havilland Beaver, ist Halbeskimo und ein unheimlich netter Kerl.

Etwa 45 Jahre ist er alt, fast unglaubliche 30 000 Stunden stehen in seinem Flugbuch. Jonny erzählt, daß er übers Wochenende bei seiner Familie sei und sein Haus somit leerstehe. Ich solle mir ein kleineres Kind aufgabeln, das könne leicht durch das Küchenfenster klettern und die Haustür aufschließen. Nachdem er mir noch erklärt hat, wo Essen und Trinken steht, gehört mir sein Haus. Hier im Norden müssen alle ein bißchen zusammenrücken, um das Leben erträglich zu machen. Ich als Fremder gehöre einfach dazu. Wo gibt's das noch? Erlebnisse wie diese sind es, die mich und andere immer wieder aus der Zivilisation weglocken.

Abends hat Alice ein paar Freunde zusammengetrommelt, ich habe in meinem Survival-Gepäck eine Flasche Whisky gefunden. Brian, der Ire, gesellt sich zu uns, einer spielt kanadische und irische Musik auf dem Akkordeon – Brian gibt uns einen Eindruck der Trink-, Sing- und Tanzkünste der Iren. Der Whisky stirbt einen schnellen Tod, es wird eine lange Nacht. Kopf und Wetter am nächsten Morgen sind nicht zum Fliegen geeignet. Für

Schneller Tod . . .

Jonny May ist es gut genug — 150 ft Untergrenze gelten hier noch als durchaus komfortabel zum VFR-Fliegen.

Er lädt mich ein zu einem Flug zum George-River, etwa 1½ Stunden nach Osten. Die Beaver auf Schwimmern paßt sich dem Gelände an — höher als 50 ft sind wir wohl nie. Ich sitze ein wenig verkrampft auf dem „Beifahrersitz". Jonny lacht und erklärt mir die Taktik — die Basis sinkt hier selten bis auf den Grund ab. Und wenn — Seen zum Landen gibt's unendlich viele. Da wartet man dann, bis es wieder geht. Ich sehe mich in der Beaver um. Einziger Komfort ist das HF-Gerät. Das ADF bleibt aus, Karten finde ich nicht an Bord. Jonny meint, wenn ich 25 Jahre im Busch fliegen würde, bräuchte ich auch keine mehr. Ohne Versorgung aus der Luft ist Leben hier nicht denkbar — so sind die Beaver, Otter und Twin Otter immer freudig begrüßte Gäste in den kleinen Eskimo-Siedlungen und den Outfitter-Camps.

Wir haben unser Ziel erreicht, eine Insel im George-River. Ich sehe aber nur einen großen Hügel, auf den wir genau zuhalten. Dann geht's noch einmal um die Ecke — der Fluß liegt vor uns, wir landen. Wenige Plätze gibt's hier, um die Beaver heil in den Fluß zu setzen — viele Stellen sind mit Felsen übersät und nur 50 cm tief. Auf dem Rückflug erzählt Jonny von Piloten, die schon Legende sind — von Igi Malle, den ich in Ottawa traf und der hundert Meilen vom Flugplatz entfernt im Schneesturm abstürzte, alles gut überstand — und den sie nach drei Wochen aufgaben. — Zu Weihnachten stand er dann in Fort Chimo vor der Tür. Die Wölfe folgten ihm bis ins Dorf. Von dem Piloten, der auf einer riesigen Eisscholle notlanden mußte und erst zwei Tage später merkte, daß er nicht allein war. Er teilte den Platz mit einem Polarbären. Der war hungrig, und er hatte nur eine Kleinkaliberwaffe bei sich. Der erste Schuß mußte sitzen — Polarbären haben wenig Humor.

**Testflüge bei Frobisher Bay —
es riecht nach Schnee
Foto: M. Schultz**

Der Abschied fällt schwer — aber es liegt ja noch ein Stückchen Weg vor mir. Die Taifun hebt die Füße in die Luft, ich will das Fahrwerk einfahren — da steht der Motor. Einfach so, ohne Vorwarnung tut er seinen letzten Muckser.

Ein bißchen bin ich ihm trotzdem dankbar — nur fünf Minuten später hätte ich mein Schlauchboot ausprobieren müssen. Mir fällt dazu gar nichts ein — so schiebe ich die D-KONO zurück. Etwas komisch muß das wohl ausgesehen haben, jedenfalls grinst halb Fort Chimo, während mir sogar längst vergessene, wahrhaft lästerliche Flüche einfallen. Der Werkzeugkasten liegt natürlich wieder ganz unten, die Mücken beißen wie verrückt, das Mückenspray arbeitet nach der Methode: tötet Mücken in drei Minuten und Menschen in fünf — kurz gesagt, ich bin bester Laune . . . Die Ursache ist schnell gefunden — das Schwimmernadelventil des linken Vergasers steht unverrückbar auf „zu". Das des anderen Vergasers ebenso. Also, daß mal ein Schwimmernadelventil seinen Geist aufgibt, das gibt's ja. Aber zwei auf einmal — das ist unnatürlich. Hier hat doch der Teufel die Hand im Spiel! Unter leichter Schockwirkung rufe ich Fritz Welphoff bei Limbach an und klage mein Leid. Dem lieben Fritz fällt dazu auch nichts rechtes ein, das gab's noch nie.

Ob es an dem Isoprophylalkohol liegen kann, den ich gegen Vergaservereisung zugesetzt habe? Kann auch nicht sein, bisher ging das immer. Also kann nur verunreinigter Sprit die Lösung sein. So lasse ich 220 l Benzin aus den Tanks, alles wird gereinigt und durchgespült. Ein gütiger Gott läßt mich im „Erste-Hilfe-Kasten" zwei neue Schwimmernadelventile finden. Dann läuft der Limbach-Motor wieder, als wäre nie etwas gewesen. Einige Probeflüge — immer schön über dem Platz — sollen mein angegriffenes Nervenkostüm beruhigen, tun das aber nur recht unvollständig, obwohl alles hervorragend funktioniert. Zu lange fliege ich schon, um diese Warnung zu überhören. Mit Aberglauben hat das nichts zu tun — manchmal gibt's diese kleinen Hinweise. Am nächsten Morgen regnet es Hunde und Katzen — hätte mich auch gewundert, wenn mal alles glattginge.

Dafür komme ich zu einem Flug in der Twin Otter der Air Inuit. Nach Payne Bay geht es, eine Stunde nach Norden. Der Flieger ist so voll, daß ich zwischen all den Kisten kaum Platz finde. Jedenfalls kann ich nicht umfallen. Sinnigerweise ist das ILS immer ausgeschaltet, wenn das Wetter wirklich unmöglich ist — irgendeine Macke soll es manchmal haben, so wird es nur bei gutem Wetter betrieben. Naja, jedenfalls sind wir bei 100 ft voll im Dreck. Später wird es besser. Als Jimmi Walldorf, der „Copi", mir zeigt, wo wir gleich landen wollen, glaube ich ihm nicht. 700 ft ist der Strip lang. Dafür sieht er aus, als hätte ihn ein Erdbeben verbogen. Jimmi versteht mich wiederum nicht, das ist doch einer der guten Strips, erklärt er. Ich bete zum Gütigen und beschimpfe mich schrecklich, weil ich immer mitfliegen will, wo doch meine eigene Fliegerei manchmal schon so aufregend ist. Dabei geht die Landung so glatt — die Twin Otter kann mächtig bremsen, wenn man nur schon in 10 ft die Props auf Reverse bringt. Ich fliege fast aus meinem Nest in der Ladung — nach 450 ft steht der Flieger. Copi und ich klatschen, der Kapitän zeigt sich den Gästen mit großer Geste — in mir reift der Entschluß, bei nächster Gelegenheit einmal etwas länger herzukommen.

Weil das Wetter immer noch schlecht ist, bin ich zu der Riesenfete am Sonnabend eingeladen. Es gilt, einen neuen Copiloten in den Kreis einzuführen.

Als ich am nächsten Morgen weiterfliegen will, schläft alles noch. Oder sind die Kameraden alle besinnungslos? Ich habe mich zum Glück rechtzeitig abgeseilt. Der Flug geht entlang der Ugava-Bay, Richtung Norden, nach Frobisher Bay. Das Wetter ist gut, der Limbach läuft wieder wie ein Uhrwerk, das 200 Meilen entfernte NDB von Koartac empfange ich gleich nach dem Start — trotzdem habe ich den Zwischenfall in Fort Chimo nicht vergessen. Als ich den Funkkontakt mit Fort Chimo verliere, helfen mir einige Airliner, meinen Position-Report durchzugeben. Vorbei geht es am Aptak-Island, ich passiere das Koartac-NDB und setze zum Sprung über die mit Eisbergen übersäte Hudson-Bay an. Der Wind stimmt mal wieder nicht — warum kommt der eigentlich immer von vorn, wenn ich über Wasser fliegen muß? Die Sicht ist großartig — als ich das Ufer verlasse, sehe ich

Dicker Tropfen . . .

schon die Berge auf der anderen Seite. Ich fliege eine Kompromißhöhe: 8500 ft. Weiter oben bläst der Wind noch stärker, weiter unten ist das Wasser noch näher. Nach etwa einer Stunde bin ich drüben. Das hebt mein Wohlbefinden erheblich. Das NDB von Frobisher empfange ich lange schon, etwas später erwacht das VOR zu neuem Leben, aus dem Radio kommen die Stimmen von Frobisher Bay. Nach 4 h 08 bin ich da.

Ich frage nach einem Hallenplatz, Sturm ist angesagt. Den Hallenplatz kann ich kriegen, sagt man mir: kostet 100 Dollar. Pro Stunde, versteht sich. Ohne Quatsch, das stimmt. Der Rest meiner guten Erziehung läßt mich das, was ich dazu zu sagen habe, in Deutsch sagen. Dann habe ich Glück — der Flugplatzboß erlaubt mir, die Taifun in die Frachthalle zu stellen. Als erstes kontrolliere ich meine Sorgenkinder, die Schwimmernadelventile. Beide sind schwergängig. Und dazu fällt mir nun wirklich nichts mehr ein. Mit den Shell-Leuten diskutiere ich das Unfaßbare. Die Theorie mit dem verschmutzten Benzin läßt sich nicht aufrechterhalten — wäre dem so, würden hier in der Gegend schon einige Flugzeuge im Wasser liegen. Mario zapft ein Wasserglas voll Sprit, wir mixen meinen Isoprophylalkohol zu. Was wir dann sehen, haut den stärksten Eskimo vom Schlitten: In dem Glas bildet sich ein dicker Tropfen, der „nabelt" sich ab und fällt zum tiefsten Punkt. Mario sieht mich mit großen Augen an — Isoprophyl macht so etwas nicht. Wir geben das Zeug ins Labor — einige Stunden später kommt die Analyse — es ist . . . Methylalkohol. Und der besitzt die — für diesen Fall — unerwünschte Eigenschaft, daß in jedem Treibstoff enthaltene Wasser und mikroskopisch kleine Schmutzteilchen zu sammeln, einen großen Haufen daraus zu machen und auf den tiefsten Punkt zu sinken. Im Tank ist das ja bekanntlich die Stelle, von der das kostbare Naß zu den Vergasern befördert wird. Daß der Limbach-Motor mit dieser teuflischen Mischung von Quebec bis hier durchgehalten hat, ist fast unglaublich. Nachträglich gefriert mir das Blut in den Adern, wenn ich mir das alles vorstelle . . .

Also schütte ich wieder allen Sprit weg, die Vergaser werden zerlegt und gereinigt, die Spritleitungen bis zum geht-nicht-mehr gespült, ein zusätzlicher Filter kommt in den Kreislauf — und kein Zusatz in den frischen Sprit.

Damit weiß ich immer noch nicht, ob die Taifun zur Vergaservereisung neigt.

Das Wetter ist inzwischen saumäßig geworden — aber ideal für Vereisung. Also tummele ich mich mit der KONO immer schön über dem Platz unter Vereisungsbedingungen. Ruhig zieht sie ihre Bahn, der Limbach zeigt keinerlei Anzeichen von Atembeschwerden — das Ganze wiederhole ich mehrere Male. Nie vorher bin ich so gern bei solchem Mistwetter geflogen — hier scheint es mir als Geschenk des Himmels. Während ich so vor mich hinfliege, höre ich, wie sich eine Lufthansa 737 im langen Endteil meldet.

Nun hab' ich auch noch was mit den Ohren, denk ich mir, soweit können die doch gar nicht an Frankfurt vorbeigeflogen sein. Aber wirklich — es ist die neue Landshut, die nach Deutschland überführt wird. Als ich höre, daß die beiden nach Hamburg fliegen, wird mir doch etwas anders — ich häng' hier im Schneesturm fest, und die fliegen zu mir nach Haus. Sechs Stunden brauchen sie dafür. Und der Flieger ist, bis auf zwei Schlauchboote, ganz leer. Aufgeben gilt nicht, sag' ich mir, so nehmen die beiden nur einige belichtete Filme mit, die meine Frau dann auch am nächsten Morgen in ihrer Dienststelle erreichen. Ansonsten ist es ganz nett hier. „Air Food"-Dieter Müller kommt vorbei und bringt den neuen aerokurier, ich treffe Carlo Vanoni, den italienischen AOPA-Präsidenten, die Besatzung der Aerostar kenne ich von der Air Transat — Frobisher ist „Ferry-Platz". Nach einer Woche scheint wieder die Sonne. Das Wetter ging hier auf den Geist, die Eingeborenen meinten, der Winter käme dieses Jahr vier Wochen früher.

Wäre das so gewesen — ich wär wohl heute noch da. So geht die Reise endlich weiter — Godhabt an der Westküste Grönlands ist das Ziel. Eine Stunde Flug bis zur Küste — unwirtlich ist die Gegend unter mir. Überzogen mit einer dünnen Neuschneedecke verbirgt sie, was unter ihr liegt. Runde 450 Meilen sind zu fliegen, der Wind verhält sich heute neutral, so kann ich sichere 10 000 ft fliegen — eine Höhe, in der sich die Taifun, der Limbach-Motor und ich gleichermaßen wohl fühlen. Als ich — rein spaßeshalber — nach 30

Minuten Flugzeit das Kook-Island-NDB, das kurz vor Godhabt liegt, eindrehe, überrascht mich das Becker-ADF wieder einmal mit unglaublicher Reichweite – über 400 Meilen zeigt es mir den Weg nach Grönland. Ich fühle mich wohl – alles funktioniert prima, die Heizung und mein Survival-Anzug lassen garstige −30 °C Außentemperatur vergessen, mit Hilfe der Kühlluftklappe halte ich den Motor immer im Bereich von 90° Öltemperatur. Dann liegt die wunderschöne Küste Grönlands vor mir, lange bevor ich am „Ufer" bin. Genau 3 h 34 brauche ich bis Godhabt – ein bißchen hat der Wind doch noch geholfen. Palle Lund-Jensen ist auf dem Tower. Wir kennen uns.
Palle meint, daß ich das sowieso nur sein könnte, denn es kommen so selten Motorsegler hier vorbei.

Abends, im Godhabt Hotel, beginnt wieder der Kampf um die Punkte. Wer nun meint, hier geht's um Fußball oder so, liegt verkehrt. Wer in Grönland ein Bier oder sonst was Alkoholisches haben möchte, muß Punkte abgeben. Und Punkte bekommt nur, wer hier lebt oder eine Passage vorweisen kann. Und außerdem mindestens vier Tage bleibt. Dann gibt's aber gleich „Points" für den ganzen Monat. Weil ich nun keine Passage habe, liegt die Bar für mich vorerst in unerreichbarer Ferne. Endlose Diskussionen mit dem Geschäftsführer – dann endlich glaubt er, daß ich meine eigene Airline bin. Und die stellt mir nun mal kein Ticket aus. Also bekomme ich 72 Punkte. Dafür bekommt man 72 Drinks. Die muß man natürlich bezahlen, und das nicht schlecht. Dieses System ist deshalb eingerichtet, weil die Eskimos immer soviel trinken und dann nicht mehr arbeiten wollen. Natürlich funktioniert das System nicht. Erstens nehmen sie ihren Frauen immer die Punkte weg. Und dann der Großmutter. Macht schon 216 Punkte. Und das macht 7,2 Drinks pro Tag. Und da die Eskimos sowieso nicht soviel vertragen, langt das dann für den täglichen Vollrausch. Logisch gibt es einen lebhaften Schwarzhandel mit den begehrten Points. Der Kurs steht so bei 250 Dollar für 72 Points. Auch nicht schlecht, oder?

So wird man sogar in dieser Ecke der Welt mit Alkohol – und natürlich Drogenproblemen konfrontiert. Wirklich, der Rauschgifthandel blüht hier in den kleinen Siedlungen genauso wie im Norden Kanadas. In Frobisher wurden mir völlig unbefangen Joints und Schlimmeres angeboten, Fort Chimo hat die gleichen Probleme; in Godhabt oder Kulusuk, wirklich am Ende der Welt, ist es nicht anders. Auch hier hat der weiße Mann absolut keinen Grund, auf seine Taten stolz zu sein. Die Eskimos sind ein fröhliches, gastfreundliches Volk – wenn sie nicht betrunken sind. Und das sind sie bei jeder Gelegenheit. Dann kann es schon mal passieren, daß den „Weißen" die Meinung gesagt wird. Manchmal sogar mit einem Stuhlbein.

Am Morgen ist „Clear Sky" über dem Eiskap. Selten genug, darauf habe ich bei anderer Gelegenheit schon mal eine Woche gewartet. Und Clear Sky brauche ich – die Minimum-Höhe beträgt für VFR-Flieger FL 135. Und das ist nur vernünftig, der Grund liegt bis 9000 ft hoch.

Dann kommt die kalte Dusche. „Kulusuk is on strike", erklärt Jeppe. Seit zwei Monaten schon, und mindestens für ein Jahr haben sie Geld genug, um durchzuhalten. Das ist ja heiter. Muß ich jetzt bis Reykjavik fliegen? Von der Reichweite her kein Problem – aber ich weiß, wie oft und schnell das Wetter hier umschlägt. Dem Forecast für zehn Stunden traue ich nicht mal für fünf. Kulusuk gibt seit Monaten nicht einmal die Wetterbeobachtungen weiter. Ich finde, das geht zu weit – die Großen trifft man hiermit bestimmt nicht. Also kriegen wieder die Kleinen die Haue. Die Ferryflieger und solche wie mich trifft es hart – Kulusuk ist schließlich der einzig erreichbare Platz an der Ostküste Grönlands. Daß die nicht einmal die Wettermeldungen weitergeben, betrachte ich in dieser Gegend der Welt als Anschlag auf Menschenleben, ohne jede Übertreibung. Die einzige Wetterstation auf 800 Meilen – wer das Wetter hier kennt, weiß, was das bedeutet!

Zum Glück habe ich Freunde in Agmassalik, der kleinen Stadt in der Nähe von Kulusuk. Und die geben mir so was ähnliches wie eine Wetterberatung. Nur der Forecast von Reykjavik ist nicht gerade zum Lachen. Und die Vorhersage für Grönland sieht düster aus

An der Ostküste
Grönlands: Nichts
weiter als Einsamkeit
in Schnee, Eis und
rauher
Felsenlandschaft
Foto: Michael Schultz

Streik oder nicht . . .

für die nächsten Tage. Also gebe ich Jeppe den Flugplan für Reykjavik. Wenn's nicht geht, soll mir der Streik in Kulusuk den Buckel 'runterrutschen, die Landebahn können die ja schließlich nicht wegräumen! Die Taifun klettert, vollbeladen mit 950 kg, auf FL 135. Gegenverkehr ist hier kaum zu erwarten. Dann folgen lange Stunden mit „Garnichts". Himmel und Eis verschmelzen zu einem, ein Horizont ist nach kurzer Zeit auch bei dem wunderbaren Wetter so gut wie nicht mehr zu erkennen. So konzentriere ich mich rechtzeitig auf den Künstlichen Horizont. Nach einer Stunde hilft mir keine Radionavigation mehr. Den Wind aufgrund der Versetzung zu schätzen, ist unmöglich. Wenn die Vorhersage stimmt, müßte er etwas von rechts kommen. Gefühlsmäßig kommt er eher von links. Ich entscheide mich nach einiger Überlegung, stur meinen Kurs zu fliegen. Irgendwann muß ich ja das NDB von Kulusuk empfangen. Und vorher sollte ich Funkkontakt mit „Sub Story", der Radarstation mitten auf dem Eis, bekommen. An das Kulusuk-NDB habe ich nur schlechte Erinnerungen — zu sehr hat es mich schon genarrt. Dann sehe ich einen schwarzen Punkt auf dem Eiskap — Sub Story! Mein Kurs stimmt haargenau! Und die 17 Leute mitten auf dem Eiskap freuen sich über den ungewöhnlichen Besuch. Sub-Story gehört zu den „DYE" Stationen, einer militärischen Frühwarnkette, die von Cape Dyer im Norden Kanadas bis zu den Faröer-Inseln reicht. Wenn man die Frequenz weiß, können die ganz schön mit ihrem Radar helfen — und sie tun es gern und gut. Außerdem ist es schön, hier mit Menschen zu sprechen. Das Eiskap hat etwas Drohendes, Unheimliches. Warum das so ist — ich weiß es nicht.

Im Prinzip scheint mir der Flug bei guten Wetterbedingungen nicht gefährlich zu sein. Wenn man hier unvorhergesehen 'runter muß, ist es sicher nicht schwer, den Flieger auf dem Eis zu landen. Und wenn man sich vernünftig an den Kurs hält, hat man eine sehr gute Chance, schnell gefunden zu werden. Jedenfalls ist die Fliegerei über dem Atlantik viel gefährlicher. Trotzdem — ich habe noch keinen Piloten getroffen, dem's hier nicht auch unheimlich war.

Die Leute von Sub Story geben mir noch einen Radarvektor zum Abschied, kurz darauf läuft das Kulusuk-Beacon ein — außerdem geben sie mir das Wetter von Reykjavik. Und das erweckt nun überhaupt keine Begeisterung: Icing-Bedingungen, Regen, Sichten um 3 km, Basis bei 1000 ft, Tops bis 15 000 ft — ich würde all meinen Vorsätzen untreu werden, würde ich auch nur einen Gedanken daran verschwenden, bei solchen Bedingungen 400 Meilen über den Atlantik zu fliegen. Also Kulusuk — Streik oder nicht. Im Funk habe ich schon „Big Gun", die nächste DYE-Station bei Kulusuk. Die Wetterbedingungen an der Küste sind gut. Das trostlose Weiß macht der Gebirgslandschaft an der Küste Platz, noch 100 km bis Kulusuk. Der Rest führt über das Eismeer mit seinen wunderbaren Farben. Blau- und Grüntöne sieht man hier, wie aus einer anderen Welt. Ich unterhalte mich mit Kevin, dem Mann am Radarschirm, lege mich entspannt in den Sitz zurück — noch 30 Minuten, herrliches Wetter, alles an Bord spielt. Ich überlege, ob ich denen in Kulusuk eine kleine Geschichte erzählen soll, so wie die anderen das machen — etwa, daß es so komisch roch im Flieger, oder daß das ADF verrückt spielte, oder ob ich einfach ohne Entschuldigung einfallen soll.

Sekunden später brauche ich mir hierüber überhaupt keine Gedanken mehr zu machen. Als Kevin und ich über Funk witzige Gespräche führen, mache ich mitten im Satz „Yiik" oder so. Kevin fragt, was ich gesagt habe. Ich kann erst mal gar nichts sagen, mir steht für Sekunden das Herz still. Mein Motor kotzt erbärmlich — mehr als 2200 Umdrehungen macht er plötzlich nicht mehr. Und die nur spuckend und keuchend. Das reicht nicht, um die Taifun in der Luft zu halten! Ich warte förmlich auf den Moment, wo der Limbach seinen Geist völlig aufgibt, spüre schon die Stille, die mich dann umgibt, nur das leichte Rauschen vom Wind wird dann noch zu hören sein. Und dann wird die Taifun langsam, aber sicher ihre letzte Reise antreten, direkt in den mit Eis bedeckten Atlantik. Ich versuche, die aufsteigende Panik zu unterdrücken — ist dies nicht eine Situation, auf die ich immer gefaßt war? Mein Mund ist trocken, kaum kann ich mein Mayday absetzen. Noch läuft der Motor —

wie lange wohl noch? Ich zwinge mich zur Ruhe. Was kann das sein? Was kann ich tun? Benzinpumpe zuschalten, umschalten auf andere Tanks – der Motor zeigt keine Reaktion. Die ersten 1000 ft sind schon verloren. Leistungsänderung, andrücken, Kühlklappe schließen, öffnen – alles ohne Erfolg. Es geht ständig abwärts. Und ausgerechnet hier! 15 Minuten vorher wäre eine sichere Landung auf dem Eiskap möglich gewesen, 30 Minuten vorher hätte ich bei Sub Story auf der Schneepiste landen, vielleicht sogar wieder starten können. Gerade hier, über eisbedecktem Wasser muß das passieren! Big Gun stellt meine genaue Position fest – 90 km outbound Kulusuk – und 30 kts Gegenwind! Ich habe noch 10 000 ft – was aber nützt mir hier mein traumhafter Gleitwinkel? Hier verlängert er nur das Drama! Ich habe meine Notmeldung vervollständigt, das Funkgerät steht auf 121,5, der Transponder auf 7700. Big Gun teilt mit, daß bei Sub Story eine Twin Otter bereit steht, der Radiocontroller von Kulusuk hat seinen Streik vorübergehend abgebrochen und meldet sich – und die KONO sinkt mit kotzendem Motor. Choke ziehen – das hat mich vor Jahren vor einer Außenlandung bewahrt – verschlimmert den Zustand nur.

Was sonst kann ich noch tun? Ich stelle den Propeller auf kleine Steigung – und das Wunder passiert. Mit extrem hoher Drehzahl läuft die Maschine! Ich lasse sie so eine Weile laufen und schalte wieder auf „Reise" um. Sofort quittiert der Limbach seinen Dienst. Nur keine Experimente jetzt. Ich stelle wieder um. Um den Motor nicht zu überdrehen, muß ich ständig steigen, nur mit Vollgas läuft er noch. Schneller als 100 km/h geht nicht ohne zu überdrehen – 55 km/h Wind stehen auf der Schnauze – so lange hab' ich mein Leben nicht Blut und Wasser geschwitzt. 14 000 ft bin ich noch – Kevin sagt mir, daß ich noch 25 Meilen zu fliegen habe.

Ich habe es geschafft! Von hier komme ich leicht ohne Motor bis zur Landebahn! Die Spannung weicht, ich binde das Tau, an der meine Survival-Ausrüstung angebunden ist, wieder vom Handgelenk los. Da treffen mich Turbulenzen – daß es so was gibt, habe ich mir nicht träumen lassen! Die Taifun fliegt wie ein Spielball durch die Gegend, alle Ausrüstung fliegt durch das Cockpit. Mühsam grabe ich mich unter Schlauchboot, Karten und Taschen hervor, reduziere die Geschwindigkeit. Gegen diese Turbulenzen sind die Rotore von Innsbruck ein laues Frühlingslüftchen – es dauert Minuten, bis es ruhiger wird. In der Taifun sieht es aus, als hätte eine Bombe eingeschlagen. Ich sammle das ganze Zeug wieder ein und sortiere mich selber. Mit eingezogenem Kopf fliege ich die letzten Kilometer.

Welche Landerichtung ich denn möchte, fragt Kulusuk. Wieso fragt der mich? Weil die Richtung gleich ist, von beiden Seiten weht der Wind mit 45 kts – genau „cross".

Hört das denn heute überhaupt nicht auf? Ich verfluche den Tag, an dem ich zum ersten Mal in einem Flugzeug gesessen habe. 45 kts – das ist nicht wenig. Aber ich kann mit dem kranken Motor ja nicht warten, bis der Wind dreht oder einschläft. Also – Fahrwerk raus, Klappen nur auf 10 Grad, das Bugrad ganz hoch und den Flieger nur mit dem rechten Rad aufsetzen. Das Seitenruder hält die Taifun auf der Bahn. Die Geschwindigkeit läßt nach, der Wind versucht, die KONO nach rechts zu drehen. Linkes Rad und Bugrad runter – und bremsen, mit allem, was da ist. Die Taifun steht mitten auf der Bahn. Ich rolle auf die bereitstehende Besatzung von Kulusuk zu und öffne die Haube.

Sagen kann ich erst mal nichts. Bent, der dänische „Flygpladsverwalder", nimmt seine Pfeife aus dem Mund, reicht mir die Hand und sagt „Willkommen in Kulusuk". Wir binden den Flieger fest und fahren zur Kantine.

Es interessiert mich im Moment nicht, die Ursache für die Störung zu finden. Ich möchte nur in Ruhe gelassen werden und einen Kaffee trinken. Die Leute hier akzeptieren das. Es ist eine besondere Sorte Mensch, die hier lebt, fernab der Zivilisation. Ruhige, bedächtige Menschen, die nicht viel sagen, findet man hier. Wenn sie etwas sagen, hat das Hand und Fuß. „J. K.", der lange "Flygpladsverwalder" hier war, ist jetzt in Agmassalik, Bent, der jahrelang Chef in Mesters Vig war, dem Flugplatz hoch im Norden Grönlands, ist sein Nachfolger. Bis auf Jeppe, den Radiocontroller, sind alle noch da. Sven, der neue

Anflug auf den Flughafen
Godhabt-Nuuk, der
Hauptstadt Grönlands
Foto: M. Schultz

Dient meist friedlichen Zwecken,
Sub Story, die Frühwarnstation auf
dem Eiskap
Foto: M. Schultz

Radiocontroller, der „on strike" ist, kam vor drei Monaten aus Dänemark, um hier mehr Geld zu verdienen.

Dann hat ihm der Verband zu streiken befohlen. Sven will nicht streiken – aber ihm bleibt keine andere Wahl. Seine Situation ist schizophren – außer Radiocontroller ist er auch „Krankenschwester" und Postmann. Die beiden streiken nicht. Und der Postmann muß gegen den Radiomann arbeiten, damit die Post raus- und reinkommt. Darum fährt er alle paar Tage mit dem Boot zwei Stunden nach Agmassalik, Post abgeben. Weil aber ein Drittel von Sven streikt, bekommen alle drei Drittel kein Geld. Sven versteht das nicht. Ich auch nicht.

Mir geht es wieder besser, ich untersuche den Motor der Taifun. Ein Zylinder hat keine Kompression mehr. Also kommt morgen der Zylinderkopf runter. Dann werden wir weitersehen. Wenn nur kein Ventil verbrannt ist – wie soll ich hier Ersatzteile bekommen? Ich hole mir telefonisch bei Peter Limbach Rat. Peter Limbach will sofort mit einem Mechaniker nach Grönland kommen. Wie gern hätte ich dieses großartige Angebot angenommen. Nur gibt es keinen Weg hierher – der Streik....

Abends diskutiere ich mit Bent und Sven den Streik. Sven ist beleidigt, weil sich kein Mensch darum kümmert, daß hier gestreikt wird. Die Ferrypiloten landen einfach, tanken und fliegen weiter. Die Air-Force-Hercules, die Big Gun versorgt, kommt immer, wenn es ihr paßt. Klappe auf, Ladung raus und wieder weg. Also, ich versteh' das schon, daß der Sven sauer ist, daß sein Streik so gar nicht beachtet wird. Aber ich sage auch meine Meinung darüber, daß die Wettermeldungen nicht weitergegeben werden. Und daß man doch nur die Kleinen trifft – und das hilft, wie immer, nicht weiter.

Natürlich haben sie auch schon versucht, die Großen zu hauen. Aber die kümmert das ja auch nicht! Als Sven sein VHF-Gerät abschaltete, haben die Liner halt das HF benutzt. Und von Stund' an so getan, als gäb's Kulusuk gar nicht. Wenn durch diesen albernen Streik – der aus einigen Gründen verständlich ist – nicht permanent Menschenleben gefährdet

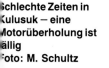

Schlechte Zeiten in Kulusuk – eine Motorüberholung ist fällig
Foto: M. Schultz

würden, könnte man drüber lachen. Ich kann mich in Kulusuk nicht beschweren. Bent weist mir einen Platz in der Unterkunft zu, Essen und Trinken ist dänisch-gut.

Am Morgen steht mir die gut ausgestattete Werkstatt zur Verfügung. Schnell ist der linke Zylinderkopf demontiert − ich danke den Konstrukteuren für das erste mir bekannte Flugzeug, an dem man auch ohne sechs gelenkige Finger arbeiten kann. Der Kopf sieht von innen schlimm aus − unwahrscheinliche Ablagerungen finde ich. Die Ventilschäfte sind voll von harten Ablagerungen, den Ventilsitzen sieht man an, daß sie nicht mehr tragen − ein Wunder, daß der Motor überhaupt noch lief. Hier also hat der vom Methylalkohol gesammelte Schmutz mit Wasser sein schändliches Tun beendet und mich in Angst und Schrecken versetzt! Ich schleife die Ventile ein, nachdem die Ablagerungen entfernt sind. Und baue, nachdem ich dies alles gesehen habe, auch den zweiten Kopf ab − und das war gut so. Am Abend fliegt die Taifun wieder.

Wieder einmal schließen sich ausgedehnte Testflüge an. Ich nutze die Gelegenheit, Bent und seinen Leuten die wundervolle Landschaft Grönlands aus der Luft zu zeigen. 12 000 ft über Kulusuk stelle ich den Motor ab. Bent und ich genießen die herrliche Stille, während wir in der glasklaren Luft den ersten Segelflug über Grönland machen. Bent ist begeistert − weder hat er jemals Gelegenheit gehabt, sich das Land, wo er schon so lange lebt, in Ruhe von oben anzusehen, noch wußte er bisher um die Schönheit des Segelfliegens. Der Flieger funktioniert wieder ohne jegliche Probleme zu vollster Zufriedenheit. Nun sollten endlich alle Folgen dieses falschen Kraftstoffzusatzes beseitigt sein. Ein bitterer Nachgeschmack bleibt − bei aller Vorbereitung muß man sich doch hin und wieder auf andere verlassen.

„Andere" war hier eine Apotheke in Quebec. Und die hatte das richtige Etikett auf die Flasche geklebt und das falsche Zeug in die Flasche gefüllt. Man muß wohl auch noch die geübte Nase eines Chemikers haben, um verschiedene Arten von Alkohol erkennen zu können.

Meine Nase kann gerade Scotch von Bourbon unterscheiden....

Einen Tag noch genieße ich die Gastfreundschaft der freundlichen Dänen in Kulusuk − dann scheint das Wetter gut genug für den Sprung nach Reykjavik. Da Sven, der Radiocontroller, weiterhin streikt, frage ich Sven, den Postmann. Und der besorgt mir eine Leitung nach Sondrestrømfjord. Dort gibt's Wetterinformation − und ich werde meinen Flugplan los. Bent bringt mich zur Taifun − mit etwas gemischten Gefühlen starte ich. Der Weg führt mich direkt über das Eismeer, der starke Radiosender 209 von Reykjavik zeigt mir auf dem ADF sofort den Weg. So ganz clear ist der Sky doch nicht − aber wenn ich einige Meilen ausweiche, sollte es gehen.

Im Funk höre ich eine Maschine, die aus Reykjavik kommt. Sie geben mir das Wetter − nicht berühmt, aber gut genug. Kevin sitzt in Big Gun am Radarschirm und sagt, ich wäre etwa 10 Grad links vom Kurs. Ich kann ihn beruhigen − lieber fliege ich 50 Meilen Umweg, als daß ich meine 11 500 ft wegen einiger auf dem Kurs liegender Wolken aufgebe. Aber beruhigend ist es, daß sie mich auf dem Schirm haben. Der Wind hilft ein klein wenig − lange, bevor ich die Küste erreiche, sehe ich die Island vorgelagerten Inseln. Die Wolken unter mir werden dichter. Ich muß bis fast 15 000 ft steigen, um den Komfort des Fliegens on top genießen zu können. Der Tower in Reykjavik meldet brauchbares Wetter − nach 3 h 41 setze ich auf. Der Wind pfeift mir mit 40 kts um die Ohren. Zwei Unbekannte helfen mir, besorgen einen Platz im Hangar. Ein bißchen ist es immer wie Wiedergeburt, wenn man 400 Meilen Atlantik hinter sich hat.

Heute habe ich die Schaumkronen aus 11 000 ft sehen können − müssen hohe Wellen gewesen sein. Nachdem die Taifun sicher in der Halle untergebracht ist, führt mich mein erster Weg zum Meteorologen. Wie's denn so nach Norwegen aussieht, VFR, frage ich ihn. Er sieht mich über seine Brillengläser an. „Forget it", sagt er. Nun, das ist ja eine eindeutige Aussage. Wie denn der übernächste Tag so wäre. Das Spiel wiederholt sich, mit melancholischem Blick zieht er eine Wetterkarte hervor. Das Tief reicht ziemlich genau von der norwegischen bis zur isländischen Küste. Und er meint, dort würde es auch bleiben. Na toll. Ich telefoniere noch einmal mit Peter Limbach. Zwar hat jetzt alles bestens funktioniert, trotzdem wiederholt er sein Angebot. Mir wäre auch wohler, wenn ein Experte einen Blick auf den Motor wirft. Also wird Friedhelm Wehlberg nach Island in Marsch gesetzt. Friedhelm kommt drei Tage später an. Wieso die Flugzeuge nach Island so ausgebucht sind, ist mir ein Rätsel. Wo ich doch nur hier weg will, wollen die alle hierher. Verrückte Welt . . .

Jedenfalls hole ich den Friedhelm nachts um 12 Uhr in Keflavik ab. Friedhelm macht sich am Morgen sofort über den Limbach-Motor her. Wirklich alles wird geprüft – ich mach' mit Friedhelm einige Checkflüge. Und beobachte ihn genau, als wir Richtung offene See fliegen. Friedhelm zuckt mit keiner Wimper – also ist er seiner Sache sicher.

Inzwischen pilgert das fliegende Volk von Reykjavik zur Taifun. Der Vogel erweckt natürlich einiges Aufsehen. Sigmundur Andresson, der Aero-Club-Vize, betreut mich wirklich rührend. Und seine Frau versteht sich auf die Zubereitung des isländischen Lammes, ich esse bis zur Grenze des Fassungsvermögens. Wie sagt unser Freund Helmut immer? Satt gibt's nicht, entweder bin ich hungrig oder mir ist schlecht. Mir ist letzteres. Aber geschmeckt hat das . . . Petur ist Redakteur, Herausgeber, Fotograf und Mädchen für alles der einzigen Luftfahrtzeitschrift Islands. Und bei Petur, ganz oben in dem alten Tower, trifft man sich zu Kaffee und Kuchen. Und abends trifft man sich in der Hotelbar.

In Island herrscht galoppierende Inflation, bei 80% ist man angelangt. Das führt dazu, daß Island an sich unerschwinglich teuer ist. So um die DM 120,– kostet das Hotel – pro Nacht. Preiswertes Essen im Coffee-Shop liegt so bei 30,– DM. Und eine Bourbon-Cola in der Bar bei DM 28,–. Im Klartext heißt das, daß ein normaler Rausch etwa für ein Monatsgehalt zu haben ist.

Dafür ist Island aber ein Fliegerland. Ohne störende und unsinnige Beschränkungen. Und 'ne ganze Menge Segelflieger gibt's hier – mir war das auch neu. Auf dem Weg nach Grönland landete hier in den 30er Jahren Wolf Hirth mit einer Klemm 25. Die Isländer wollten ihn nicht fortlassen, so blieb er eine Weile hier und weihte sie in die Geheimnisse des Segelfliegens ein. Später kam dann eine Klemm 25 hierher. Sie fliegt heute noch. Wellenfliegen kann man direkt vor den Toren Reykjaviks – Sigmundur Andresson brach bei fast 6000 m ab, weil kein Sauerstoff mehr an Bord war. Sie meinen, es müßte noch viel höher gehen. Nur mit dem Überlandfliegen ist es nicht so doll – zuviel Wasser in der Nähe. Friedhelm möchte gern wieder nach Hause. Wieder ist alles ausgebucht. Als wir auf dem Flugplatz herumlungern, landet eine Mitsubishi. Die beiden Piloten sind auf dem Weg nach Zürich. Die eher scherzhafte Frage, ob sie denn nicht einen Platz für den Friedhelm haben, wird sofort mit „Ja" beantwortet. 30 Minuten später sind Mitsubishi und Friedhelm weg. Und ich gehe wieder zum Meteorologen. Der guckt mich melancholisch über seine Brillengläser an und schüttelt den Kopf. Übermorgen vielleicht . . .? Blick über die Brille – das hatten wir ja schon. So geht das 14 Tage. 14 Tage sind zwei Wochen. Ich kenne alle Kinos in Island, der Barkeeper kennt mich mit Vornamen, mein Bankkonto bekommt die galoppierende Schwindsucht. Mein Unterbewußtsein beflügelt mich, den Tiefschläfer, zu ungeahnten Leistungen. Wenn der Wind Geschwindigkeiten über 35 kts erreicht, höre ich das im Schlaf an der Frequenz des Pfeifens durch die Fenster. Dann stehe ich auf, ziehe mich an und gehe zur Taifun. Ich drehe den Flieger richtig gegen den Wind, spanne die Seile nach und gehe wieder ins Bett.

Das passiert in vielen Nächten. Später, als ich wieder zu Hause in Hamburg bin, pfeift der Wind durch die Ritzen. Ich stehe auf, ziehe mich an und gehe zum Fenster. Und sehe, daß da nur Wald ist. Meine Frau Jutta fragt mich, was ich denn da mache. Ich sage, daß ich nach dem Flugzeug sehen muß. Jutta macht die typische Handbewegung mit dem Zeigefinger zur Stirn und meint, daß gleich die Männer in den weißen Kitteln kommen und mich abholen . . .

Sonnenuntergang vor
Kulusuk. Ausgedehnte
Testflüge vor dem
Sprung nach Island
Fotos: M. Schultz

unk 121,5, Transponder
700 — Mayday vor
ulusuk
oto: M. Schultz

anken in Kulusuk immer
is zum Rand. Über 200 l
aßt die Taifun
oto: Bent

Glückliche Landung:
die Taifun auf dem Flugplatz
Godhabt
Foto: M. Schultz

Eisberge vor der
grönländischen Küste,
aufgenommen mit der Kamera
auf dem Höhenruder
Foto: M. Schultz

Grafik: Lord Ultra

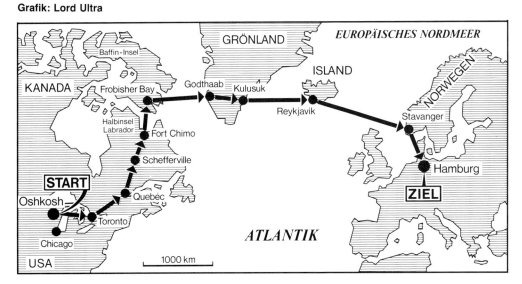

Siebzehn schlimme Tage . . .

Siebzehn Tage dauert das Spiel in Reykjavik. Das ist schlimmer als alles andere — endloses Warten. Und keine Hoffnung, das Tief steht, als wollte es für immer den Platz einnehmen, den ich zum Fliegen brauche. Zwischendurch fällt ein deutscher Ärztekongreß im Hotel ein. Etwas Abwechslung — und der neue „aerokurier". So bleibe ich wenigstens auf dem laufenden.

Dann sagt der Meteorologe, daß es morgen gehen müßte. Und nun geht alles sehr schnell: Der Flieger wird gepackt — er ist etwas leichter, dafür ist der Friedhelm Wehlberg schwer bepackt worden — Flugplan aufgeben, von den neuen Freunden verabschieden. Endlich wieder fliegen! Bis Stavanger will ich heute, etwa 1000 Meilen — das längste Stück. Und es läuft hervorragend. Mein Loran C von Texas Instruments sagt mir auf den Meter genau meine Position, rechnet Groundspeed und Kurs aus und gibt mir die Restflugzeit. Als ich Island verlasse und Kurs auf die See nehme, löst sich die dichte Wolkendecke unter mir auf — blauer Himmel liegt vor mir. Der Funkkontakt ist all die Zeit über gut, das ADF zeigt den Weg zu den Faröern, ich sehe sogar einige Schiffe unterwegs.

Im Loran sind noch einige Waypoints frei, so gebe ich die Position der Schiffe ein — für den Fall der Fälle werde ich dank der Wunder der Elektronik jederzeit die Position wiederfinden. Die Geschwindigkeit liegt bei 130 kts, ein leichter Rückenwind hilft mir. Weit am Horizont stehen einige Wolken. Später verdichten sie sich, zuerst unmerklich. Dann sehe ich, daß meine Groundspeed langsam aber sicher bis auf 85 kts zurückgeht. Das sind 25 kts Gegenwind, die mich aufmerksam machen. Ich frage bei Faröer Radar, die mich lange schon auf dem Schirm haben, nach dem aktuellen Wetter. Als dann endlich der Meteorologe von seiner Mittagspause zurück ist, regnet es schon. Er kann mir nur noch sagen, daß ich mich beeilen soll, der Platz würde wohl bald zu sein . . . Stavanger ade.

Mir fällt ein, daß Reinhard Furrer — allen aerokurier-Lesern von vielen Berichten bestens bekannt — gerade etwas über VFR-Flieger über dem Atlantik geschrieben hat. Nicht so, daß es mich stark ermutigt hat. Ich glaube ihm. Immerhin habe ich den Vorteil meiner sagenhaften Reichweite von 3000 km. Sollte Vagar zumachen, kann ich leicht nach Island zurückfliegen, notfalls sogar bis Grönland. Nur — allein der Gedanke an Island läßt die Taifun schneller fliegen. Nicht schneller als 200 hatte Hannes Lucas von Valentin mir mit auf den Weg gegeben. Nun muß es aber ein wenig schneller gehen. Vagar liegt sehr schön zwischen zwei wie von einem Riesen ins Meer geworfenen Felseninseln. Jedenfalls bei schönem Wetter. Jetzt pfeift ein kräftiger Wind zwischen den Felsen, der Anflug verspricht interessant zu werden. Aussehen tut der Anflug immer wunderbar — wenn zwischen den Bergen die Lichter der Landebahn leuchten; links und rechts sehe ich ein paar wie an die Felsen geklebte bunte Holzhäuser — Vagar ist schön. Nach genau fünf Stunden Flugzeit setze ich auf. Ich werde als Bekannter begrüßt. Ob ich denn die RF5 verkauft habe, fragen sie mich. Später fragt mich Inger Jörgensen mit dem drolligen dänischen Dialekt, ob ich denn dieses weiße Ding fliegen würde. Inger ist Segelfliegerin und besucht ihren Mann, der Hubschrauber bei „Maersk" fliegt.

Wie das so ist, das Wetter wird ein wenig besser, und Inger und ich fliegen Taifun, nur so zum Spaß. Wir stellen fest, daß man ganz gut an den Hängen Segelfliegen kann. Mit einem der Piloten mache ich einen zweiten Flug — am Abend sitzen wir alle zusammen und erzählen Geschichten.

Der nächste Tag verspricht nicht so gut zu werden, so komme ich zu einer Einladung, den täglichen „Rundflug" mit dem Helikopter mitzumachen. Man versucht gerade, einen planmäßigen Dienst einzurichten, eine große Erleichterung für die hier lebenden Menschen. Stundenlange Bootsfahrten über den oft stürmischen Atlantik sind normalerweise nötig, um die nächste Insel, den Arzt oder Freunde zu erreichen. Der Helikopter verkürzt die Zeit auf Minuten.

Es wird ein wunderbarer Flug, ich sehe die abgelegenen Dörfer. Windgegerbte Gesichter überall. Man sieht, daß das Leben hier hart ist.

Endspurt — es geht nach Stavanger, das Wetter ist gut, ich habe ständig Funkkontakt — ein

Nach vier Wochen endlich in Hamburg
Foto: M. Schultz

Punkt übrigens, der immer wieder überrascht, die VHF-Abdeckung von Kanada bis nach Deutschland ist hervorragend. Mir bereitet es diebisches Vergnügen, wenn Faröer Radar mir meine Position gibt und mein Loran bestätigt. Wieder sehe ich zahlreiche Schiffe, einige gebe ich in die freien Waypoints ein, schaden kann's ja nicht. Etwa 100 Meilen vor Sumburgh bekomme ich Funkkontakt mit dem Tower und frage nach dem aktuellen Wetter für Stavanger. Dafür müßte ich landen und das „Met" fragen, sagen sie. Ich denk', ich hör' nicht richtig, aber die meinen es ernst, im Flug gibt's kein Wetter. Warum das so ist, weiß keiner, das ist eben so. Also lande ich, ziehe den Helly-Hansen-Kälteschutzanzug aus, renne zum Zoll, fülle Papiere aus, renne zum Met. Der sagt, es wäre alles gut. Und Sunset wäre um 5:45 Uhr. Ich rechne, etwa 15 Minuten nach SS müßte ich da sein. Also renne ich zum Zoll, ziehe den Helly Hansen wieder an, renne zur Taifun, sage dem Tower, daß ich zuerst und ganz schnell starten muß — und bin wieder unterwegs. Outbound mit dem Sumburgh-VOR, bis die Flagge kommt, umschalten auf Stavanger — kommt auch sofort. Unter mir ziehen die zahlreichen Bohrplattformen vorbei, emsig von den Hubschraubern umschwirrt, Ich habe noch etwa eine Stunde zu fliegen, die Wolken unter mir ziehen sich wieder einmal zusammen. Hinter mir geht feuerrot die Sonne unter. So herrlich sieht das aus, daß ich zuerst gar nicht bemerke, daß die Zeit für den Sonnenuntergang eigentlich noch gar nicht gekommen ist. Ich frage in Stavanger nach — leider hat man sich in Sumburgh um eine halbe Stunde vertan . . . So ist es Nacht, als ich endlich die Küste erreiche. Sehen kann ich sie allerdings nicht — die Wolkendecke ist geschlossen. Erst über der Stadt tut sich ein Loch auf — wie bestellt. Wenn das Fahrwerk ausgefahren, die Klappen auf 30 Grad und die Bremsklappen draußen sind, kann die Taifun mit 10 m/s sinken — so sind die 12 000 ft schnell vernichtet.

Der Flugplatz von Stavanger zeigt mir die Lichterperlen der Landebahnen — geschafft. Der Tankwart erkennt mich wieder und leiht mir die Kronen, um mit dem Bus ins Hotel zu fahren. Am Morgen frage ich Stein Asbjörnsen vom Helikopter-Service, die Taifun muß gewogen werden. Es ist mehr ein Jux — aber auf der Strecke von Stavanger nach Hamburg können wir einen Weltrekord auf genehmigter Strecke fliegen. 845 kg bringt der Flieger auf die Waage, den Zusatztank brauche ich nicht zu betanken. Montag morgen ist die Vorhersage o.k. — nur der Wind bläst mir mit 45 kts entgegen. So versuche ich, tief zu fliegen — aber in 1000 ft ist es so ruppig, außerdem ist das keine Höhe für das VOR — schließlich will ich die direkte Strecke fliegen — und die führt lange über See. Fast 90 Minuten brauche ich, um die dänische Küste zu erreichen — ausnahmsweise stimmte der Wind . . . Zu guter Letzt vergesse ich dann noch, den Tank umzuschalten. Als der Motor stehenbleibt, überrascht mich das zwar — aufregen kann ich mich darüber nicht mehr. Schließlich ist nur noch Land unter mir! Nur Land, Städte und Menschen, bis Hamburg! Wann habe ich das zuletzt erlebt? Etwas mehr als eine Stunde noch, dann bin ich zu Hause!

Die vergangenen zehn Wochen passieren Revue. Hat es sich gelohnt, die ganze

Home, sweet home . . .

Aufregung, der Streß, die schreckliche, nervenaufreibende Warterei auf fliegbares Wetter, Angst manchmal, auch das Gefühl, daß die Freunde zu Hause sich Gedanken machen, Bernd Valentin, der sicher schon ungeduldig auf seine Taifun wartet, deren Verlust — wenn es passiert wäre — wohl doch einige Schadenfreude hervorgerufen hätte? Aber da ist die andere Seite — die wundervollen Tage und Flüge durch die USA, die Gastfreundschaft, das unvergeßliche Oshkosh, Ray, der, im Rollstuhl sitzend, seinen Optimismus auf mich übertrug, die vielen neuen Freunde, Bent mit seiner Mannschaft in Kulusuk, Peter Limbach, der Tausende ausgab, um seinen besten Mann nach Island zu schicken und mir die Sicherheit zurückgab — es hat sich mehr gelohnt als alles andere, was ich vorher gemacht habe. Die Freunde kommen mir mit der Commander entgegen. Das Radio steht auf 122.7 — Hamburg Radar. „Hamburg Radar, Taifun D-KONO, VFR von Los Angeles nach Hamburg, erbitte Landeinformation". Ich bin zu Hause.

Das erste Hamburger Bier schmeckt natürlich besonders gut, nach einem VFR-Flug von Los Angeles nach Hamburg
Foto: Frischmann

Der Pate —
Spätwirkungen

Damals dachte ich noch, ich könnte die Welt verändern. Ein Irrtum, wie sich schnell herausstellte. Aber die Welt kann mich verändern – ein manchmal etwas schmerzhafter Vorgang. Das kam so:
Unser Club besteht zum weitaus überwiegenden Teil aus angenehmen bis netten, zum Teil sogar außerordentlich sympathischen Mitgliedern. Insofern unterscheidet er sich also nicht von anderen Segelflugvereinen.
Aber die paar anderen – die können schon zum echten Ärgernis werden. Jedenfalls für die, die nicht korrumpieren. Wobei die Frage bleibt, wer denn schlauer ist – die, die mitschwimmen und die Vorteile nutzen – oder die anderen, wenige an der Zahl, die unschöne Zustände nicht tatenlos dulden wollen.
Ich ordne mich der zweiten Gruppe zu. Und ich hab' die Faxen dicke! Die Jugendlichen werden getreten, gebissen, müssen die Dreckarbeit machen. Fliegen? Fliegen können die teilweise, da können sich die Alten manche Scheibe von abschneiden. Wobei ich mit den Alten nur die Alten meine, die mit den Alten, die ich meine, unter einer Decke stecken. Weil's darunter so schön warm ist.
Da passieren Sachen, die glaubt keiner. Der letzte Anstoß war heute. Am Sonnabend abend komme ich mit der RF4 von irgendwo her und fliege über Fischbek. Sehe, wie die Kameraden gerade einräumen. Mich sticht der Hafer, ich gebe über Funk einen Flugplan für Kunstflug über Fischbek auf. Und drehe den Vogel einmal so richtig durch den Himmel. Nehme zur Kenntnis, daß die Kameraden gucken und sich freuen. Abschluß, Flügelwakkeln und Heimflug. Montag morgen geht das Telefon. Adje ist dran. Teilt mir mit, es täte ihm

Schlechte Welt . . .

zwar leid, und so, aber als amtlich bestellte Person müßte er Meldung machen über mein frevelhaftes Tun.

Welches, frage ich. Nicht erstaunt. Weil — wenn's aus der Quelle kommt, erstaunt mich nichts mehr. Das habe ich mir schon lange abgewöhnt. Ja, sagt er, Kunstflug im kontrollierten Luftraum, verkehrsgefährdend und den Kameraden ein schlechtes Vorbild. Und überhaupt strafbar. Gut ausgesehen hat es ja, aber...

Adolf, sag' ich, das find' ich aber nicht nett. — Wenn der sehen könnte, daß mir die Lachtränen über das Gesicht laufen. Denkt er doch tatsächlich, ich würde über Fischbek Ungesetzliches tun!

Na gut, laß' ihn man, er wird schon sehen...

Adolf sagt, er findet das auch nicht nett, daß ich ihn in die Situation gebracht habe, einen Kameraden anzuzeigen, aber so sei nun mal das Gesetz.

Na gut, sag' ich, Adolf, dann muß das Gesetz eben seinen Lauf nehmen. Muß es, sagt er. Und daß er ja so fair gewesen sei, mir Nachricht über sein Vorhaben zu geben. In welche Peinlichkeit ich ihn gebracht habe — schließlich sind wir doch alle Fischbeker, es fällt auf alle zurück usw.

Ich sag' noch, Adolf, überleg' es dir noch mal. Aber das Gespräch ist zu Ende.

Unheil, nimm deinen Lauf. Wie das mit dem Unheil manchmal so ist — manchmal läuft es anders, als man denkt.

Mittwoch ruft mich jemand vom Flughafen an, den ich kenne. Du, sagt der, da hat gerade jemand aus deinem Club 'ne Anzeige gegen dich gemacht. Wegen Kunstflug. Du hast aber doch einen Flugplan aufgegeben, was soll denn das? Mir kommen schon wieder die Tränen. Und dem Anrufer auch, als ich die Geschichte erzählt habe.

Was machen? Anzeige laufen lassen. Wer anderen in der Nase puhlt...

Eine Woche später — der Adje spricht kein Wort mehr mit mir. Nimmt mich nicht zur Kenntnis. Da ich glücklicherweise auch im feindlichen Lager ein paar Freunde habe, komme ich an das Ende der Geschichte. Dem Adje wurde — schriftlich — mitgeteilt, daß die Anzeige der Grundlage entbehrte.

Weil ja ordnungsgemäß ein Flugplan aufgegeben worden ist. Und im kleinen Kreis hat er sich dann bitterlich über die Schlechtigkeit dieser Welt beschwert.

Der Schultz, das ist doch ein (Zitat teilweise aus dem Götz), läßt mich da so reinlaufen, wie stehe ich denn jetzt da! Hat einen Flugplan aufgegeben, und ich hab' mich blamiert. Kein Wort hat er mir davon gesagt, so eine Gemeinheit.

Also, mein Lieber, hätt'st du mich gefragt, ich hätte es dir gesagt. Jedenfalls brüllt der überwiegende Teil des Clubs.

Der Rest trägt nach.

Das war ja noch ganz lustig. Aber es gab auch unangenehmere Auseinandersetzungen. Die durchaus nicht, an sich fast nie, zu meinen Gunsten entschieden wurden.

Also, denk' ich mir, ich greife zur Feder, der spitzen. Vorher mache ich Bestandsaufnahme.

Was können die mir im Zweifelsfalle?

Ich habe ein Drittel Condor IV in Faßberg stehen, Helmuts RF4 kann ich auch fliegen — die können mir gar nichts.

Hab' ich gedacht, ich Tor.

Im Club habe ich ein paar Zuverlässige eingeweiht und ihnen das Manuskript zu lesen gegeben. Begeisterung, einhellige! Klar, das gibt Zunder, später. Aber wir stehen wie ein Mann hinter dir — haben sie gesagt. Schließlich waren das ja auch die, für die es geschrieben wurde.

Und dann habe ich das Manuskript an den aerokurier geschickt. Wieder nimmt das Schicksal seinen Lauf — diesmal aber anders, als ich mir das so gedacht hatte.

Übrigens — meinen Namen habe ich darum nicht daruntergesetzt, weil ich nicht wollte, daß jeder den Verein erkennt.

Der Pate

Auch bei Hammerwetter immer rund um
den Platz   Zeichnungen (4) H. Sperling

Der Pate ist, wie wir durch den gleichnamigen Film erfahren haben, ein Mann, der sich um seine „Familie" vorbildlich sorgt, Außenstehenden allerdings mehr oder weniger große Steine (und Schlimmeres) in den Weg zu legen pflegt. In unserem Verein haben wir so einen „Paten" . . .

An sich ist unser Verein ein sehr schöner Verein, 2 Motorsegler, 6 gute Segelflugzeuge und etwa 70 mehr oder weniger aktive Mitglieder. Ein sehr guter Verein für die, die schon immer dabei waren (seit 30 Jahren Segelflieger und schon über 200 Stunden . . .). Nicht so gut aber für die, die das Pech hatten, erst vor 18 oder 20 Jahren geboren zu werden oder für die, die erst später mit der Fliegerei begannen. Wir hatten das Pech, uns ins „gemachte Nest" zu setzen. So sagt jedenfalls der Pate.

Wir hatten keine Gelegenheit, den Schulgleiter schwitzend den Hang hinaufzutragen, auch mußten wir nicht manchmal drei oder mehr Wochen warten, bis wir mal einen

Mit Schwingen geboren

Start bekamen, und unsere Flugzeuge dürfen wir auch nicht mehr selber bauen. Und überhaupt sind wir nicht so kernig wie die Alten.

Zum großen Erstaunen des Paten und seiner Familie gibt es nun aber junge Leute bei uns, die genauso gut fliegen wie unsere alten Herren, die, soll man ihren Erzählungen am Biertisch Glauben schenken, bereits mit Schwingen geboren wurden. Da gibt es junge Kameraden bei uns, die innerhalb von drei Jahren über 200 Stunden zusammengeflogen haben. Jeden Urlaub, jedes freie Wochenende haben sie auf dem Flugplatz verbracht. Und sie haben im Verein keinen Anlaß zur Kritik gegeben.

Als einer die 60 Stunden, die zum Umsteigen auf die Ka 6 erforderlich sind, vorweisen konnte, wurde ihm schriftlich mitgeteilt, daß seine in zwei Jahren auf acht verschiedenen Plätzen geflogenen Stunden lange nicht mit denen zu vergleichen seien, die von den Oldtimern in mehreren Jahrzehnten zusammengekratzt wurden. Da wurde dann von Theorie, Überlandeinweisungen und ähnlichen (an sich sehr empfehlenswerten) Dingen gefaselt, Sachen, die es in unserem Verein noch niemals gegeben hat.

Was passiert? Der Mensch fühlt sich auf die Füße getreten und protestiert. Nach einem mittleren Erdbeben bekommt er sein Recht, setzt sich in das „Superschiff" und bleibt, man stelle sich die Frechheit vor, gleich eine halbe Stunde oben, wo doch alle anderen bereits nach fünf Minuten wieder unten sind. Der Pate wird's bestimmt nicht vergessen. Einem von uns passierte einmal ein Mißgeschick. Angeblich sollte er eine Kontrollzone verletzt und sogar einen „Near Miss" verursacht haben. Ein gefundenes Fres-

sen für den Paten. Blitzschnell war die Familie informiert, innerhalb weniger Tage fand die „Verhandlung" statt. Unser Angeklagter ging siegessicher in die Schlacht, hatte er doch einen Fluggast, der bestätigen konnte, daß alles ganz anders war. Die Anzeige von der BFS war noch nicht da, sie kam erst viel später. Der Angeklagte hatte allerdings Pech, dem Zeugen wurde kein Glauben geschenkt (obwohl er ein ehrenwerter Mann war). Außerdem haben wir einen ganz schlauen Fluglehrer, der aus dem Barogramm ersehen konnte, daß der Sicherheitsabstand zu den Wolken nicht eingehalten worden war. Urteil: 4 Wochen Platzrundenfliegen (ohne Vollkreise!) und Motorseglerentzug.

Nach langer Zeit kam dann von der BFS die Nachricht, daß die Anzeige der Grundlage entbehrt und der nach IFR fliegende Pilot der angeblich fast abgeschossenen Maschine geschlafen hatte. Kommentar der Richter: „Dafür hast Du bestimmt einmal an anderer Stelle etwas verbockt". Dem Kameraden verschlug es die Sprache.

Aber es gibt noch Schlimmeres. Da fangen doch zwei Leutchen mit der Kunstfliegerei an. Nicht auf Vereinsmaschinen oder etwa hinter der Wolke, nein, sie investieren kräftig und erwerben im Schweiße ihres Angesichts den Segelkunstflugschein. Sie kommen, stolz wie Oskar, zurück und erzählen ganz begeistert. Der Pate nimmt sie beiseite und sagt, daß bei uns im Verein an derart gefährliche Kunststücke nicht zu denken sei. Damit verbunden die Warnung, daß bei Zuwiderhandlung mit Rausschmiß zu rechnen sei. Dann spricht er noch von Überbelastung der (dafür zugelassenen) Maschinen und von Aufrechterhaltung der Ruhe und Ordnung, — das alles verbunden mit der Bitte, nicht soviel Reklame zu treiben und die Kameraden nicht auch noch verrückt zu machen.

Nur wer selber schleppt, ist ein wirklich kerniger Flieger

Zu allem Überfluß hat einer der beiden auch noch einen Film über die Kunstfliegerei gedreht, der, wenn man zahlreichen Äußerungen glauben darf, das beste ist, was man seit langer Zeit auf diesem Gebiet gesehen hat. Überall in Deutschland ist man begeistert, nur zu Hause, wo er den Film mit besonderem Stolz zeigt, sind die Mei-

nungen geteilt (angeblich waren Figuren dabei, die unter 400 m geflogen wurden. Au weia!). Nebenbei erzählt der Pate, früher hätte er so etwas auch gemacht, heute allerdings sei er zu alt dazu. Neid, Erkenntnis, bitteres Gefühl?

Ganz in der Nähe wird von einem wirklichen Experten, den der Sportbund als Leistungstrainer angestellt hat, ein Leistungslehrgang veranstaltet. Der Pate mischt sich sieben ihm angenehme Kameraden als Teilnehmer aus. Auf Anfrage wird einigen anderen mitgeteilt, sie seien aus verschiedenen Gründen nicht förderungswürdig. Der Altmeister sieht das anders und lädt sie ein.

Der Pate bemerkt sie und bricht fast zusammen. „Über diese Eigenmächtigkeit sprechen wir noch" sagt er und entschwebt. Als es richtig losgeht, ist von den sieben Auserwählten keiner dabei, das Jungvolk aber spitzt die Ohren, wenn der Altmeister aus seinem reichen Erfahrungsschatz plaudert. Wir wissen, daß wir noch etwas lernen können. Wir wurden nämlich nicht mit Flügeln geboren . . .

Im Frühling, wenn es jetzt wieder richtig losgeht, stehen wir dann mit unseren neuen Kenntnissen am Start und sehen zu, wie die Familie bei schönstem Hammerwetter mit Cirrus und AS-W immer rund um den Platz fliegt. Bei so schönem Wetter kann man die Maschinen nicht über Land lassen, schließlich wollen alle mal fliegen . . .

Ich verstehe Euch ja, Ihr alten Herren mit dem Diamantenschmuck. Ihr habt längst alles erreicht. Ihr erreichen könnt oder wollt. Ihr seid die Größten und solltet es auch bleiben. Wo kämen wir denn auch hin, wenn so ein junger Spund mehr erreicht als Ihr? Ihr seid die wahren Sportler, Ihr habt früher den Schulgleiter den Berg hinaufgetragen.

Ihr habt den Verein aufgebaut, Ihr habt ihn durch Eure unermüdliche Arbeit zu dem gemacht, was er heute ist. Und auf das, was Ihr da geschaffen habt, könnt Ihr wirklich stolz sein. Das meine ich ganz ernst. Aber Ihr könntet Euer Werk krönen: Helft, dafür zu sorgen, daß keiner mehr hinter der vorgehaltenen Hand zu unserem Verein „Verein zur Verhinderung des Segelfluges E. V." sagt. Dann dürft Ihr Euch sogar noch einen Motorsegler kaufen. Wir würden ihn sogar auf Euren Namen taufen.

153

Eingeschrieben, ausgeschlossen . . .

Der Pate ist erschienen, von weitem ertönt Kanonendonner. Es hat zwei Minuten gedauert, dann war klar, wer das verbrochen hatte.

Die aerokurier-Redaktion blieb standhaft und verriet keine Namen. Auch nicht, als sie beschimpft wurde.

So haben sie mich gefragt, wer das war — und ich hab's gesagt.

Dann ging alles recht schnell — in dem Einschreiben stand, sie hätten mich ausgeschlossen.

Wegen „vereinsschädlichen Verhaltens". Zum Glück war ich über jeden Schritt des Vorstandes im Bilde.

Man hat ja nicht nur Feinde.

Und die echten Freunde erkennt man manchmal erst, wenn man im Feuer steht. Namen will ich nicht nennen, die fliegen ja alle noch da.

Aber Ihr, die ich meine, Ihr wißt schon Bescheid...

Ich erhebe Einspruch. Anhörung ist der nächste Schritt. Ich erscheine, furchtlos, das Recht und alle Argumente auf meiner Seite. Schließlich ist jedes Wort wahr, das ich geschrieben habe. Und zu belegen.

Vereinsschädigung? Ich habe keinen Namen, keinen Ort genannt. Und Walter Lang — ein neutraler, von mir sehr geschätzter — hat mich vorher zur Seite genommen und mir gesagt, daß er nicht richtig findet, wie ich das geschrieben habe.

Also hat er den „Gegenpaten" geschrieben. Walter, hab' ich gesagt, Walter, das find' ich gut, wir leben in der Demokratie, und jeder kann sagen und schreiben, was er meint. Wir haben uns ausgezeichnet verstanden — Voraussetzung dafür ist nicht immer, gleicher Meinung zu sein. Die Abschrift seines Artikels habe ich zur Anhörung mitgenommen.

Einen Fehler hat der Walter — meiner Meinung nach — gemacht: Er hat die Anonymität von Club und Person aufgehoben. Ich hätte das nicht getan.

Schließlich haben sich viele Vereine angesprochen gefühlt.

Und dann haben sie mich zur Brust genommen — besser gesagt, versucht, mich daran zu zerquetschen.

Ich Tor, stand da mit Argumenten, wo doch nur polemisiert wurde. So richtig mit dem Rücken zur Wand. Und die brach hinter mir zusammen.

Bis es dem Richard Langer zu bunt wurde — das wär' hier doch keine Inquisition — aber das half nichts. Walter Giller, Heinz Traber, Franz Wiese — die hielten sich zurück, bezogen neutrale Position.

Hermann, die Jungfrau, schlägt mit der Keule wild um sich, merkt gar nicht, daß er Stuß redet.

Nur — heute ist es wie im Bundestag.

Stuß reden ist erlaubt.

Und auch das dümmste Argument muß man entkräften.

Dann hole ich zum Gegenschlag, dem wohl vorbereiteten, aus.

Was denn gewesen wäre, wenn ich Ort und Personen genannt hätte?

Entrüstung, Tumult, also das wäre ja wohl der Gipfel — ein Glück, daß Teeren und Federn abgeschafft ist.

Wortlos, den sicheren Triumpf vor Augen, hole ich den „Gegenpaten" aus der Tasche. Eine Kopie für jeden.

Adje und Co fallen die Augen aus dem Kopf.

Einige können sich nur schwer das Lachen verkneifen. Neue Situation — ob die den Walter jetzt auch rauswerfen? Wo er doch mehr auf ihrer Seite steht und doch nur richtigstellen wollte?

Ob das denn schon im Druck sei? Ja.

Hm. Ratlosigkeit — einen Moment nur. Dann bricht der Sturm um so heftiger los.

Ich hätte den Kameraden Lang dazu durch mein Geschreibsel gezwungen, überhaupt sei ich unmöglich — keine Argumente.

Es wird abgestimmt.

Die Abstimmung geht 50:50 aus – einige Stimmen habe ich gewonnen, aber der Ausschluß bleibt.

Auf in die nächste Runde. Langsam komme ich dahinter, daß ich mich gründlich verschätzt habe. Die Kameraden, die „wie ein Mann" hinter mir stehen, die sind weit und breit nicht zu sehen.

Wie konnte ich denn auch denken, daß Feiglinge auf einmal zu Löwen werden?

Und die Macht der Alten bekam ich zu spüren.

Da wurden Telefonhörer aufgelegt, wenn ich meinen Namen nannte, Geschichten in Umlauf gesetzt.

Dazu kam, daß ich pünktlich zum Erscheinen des aerokurier die B 4 zu Altmetall verarbeitet habe – ein gefundenes Fressen.

Jedenfalls bin ich in voller Deckung.

Die Geschichte kommt zur Hauptversammlung. Es soll abgestimmt werden, diesmal im großen Kreis.

Eine ⅔ Mehrheit brauchen sie hier. Und nach meiner Meinung kriegen sie die nicht.

Das merken sie – für dumm soll man die Leute nicht halten, das wäre ganz verkehrt. Nur verschlagen sind sie.

Also kommt ein Friedensangebot.

Ich sollte mich entschuldigen, öffentlich. Dann würde man den Mantel der Nächstenliebe drüberdecken. Und daß ich das nie wieder tun würde, das sollte ich versprechen.

Mit Ehrenwort und so.

Den Teufel werde ich tun!

Weißt du, sage ich, wenn ich so sehe, wie das alles läuft, kann ich mich sofort wieder an die Maschine setzen, das langt für eine Menge neuer Geschichten.

Wutschnaubend, uneinsichtig wäre ich, solch eine Chance nicht zu nutzen, die Gutmütigkeit nicht wahrnehmen, ich würde schon sehen.

So geht der Buschkrieg weiter – die Schlacht wogt hin und her.

Meistens jedoch hin, zu mir. Die Wogen schlagen hoch und treffen meist mich.

Klar, die müssen Stimmung machen, für die Hauptversammlung. Irgendwann merken sie, daß es nicht reichen wird. Rückzug, nächstes Friedensangebot – Entschuldigung nur im Club. Ich denk' nicht dran!

Die Jagd wird abgeblasen, der Vorstand beschließt, den Ausschluß auf dem Gnadenwege aufzuheben.

Schade, das wär' endlich mal 'ne interessante Hauptversammlung geworden.

Und die Moral von der Geschicht'? Naja, in kurzer Zeit habe ich viel gelernt.

Zum Beispiel, daß es eine Menge gut funktionierender Verbindungen gibt. Die sind schon 40 Jahre alt.

Und die stehen wie ein Mann zusammen. Egal was passiert.

Die Schlacht habe ich gewonnen, den Krieg verloren – oder ist er noch gar nicht zu Ende?

Heute – acht Jahre später – bin ich mehr als acht Jahre älter.

Alter ist keine Sache des Alters.

Alt wird man von selber – wenn nichts dazwischenkommt.

Das wahre Alter eines Menschen ist seine Erfahrung.

Schlechte Erfahrungen machen in kurzer Zeit schneller älter.

Und das ist gut – weil man ja noch jung ist – aber die Erfahrung hat.

Das hilft, vieles anders zu sehen. Groll gegen Adje & Co? Nein. Ihr habt mir geholfen, habt mich ein ganzes Stück vorwärts gebracht, schneller, als ich es sonst geschafft hätte.

So sind die Friedensangebote ehrlich gemeint.

Der Adje ist kein schlechter Kerl. Als Geschäftsführer des SFC Fischbek hättet Ihr niemals einen besseren bekommen können.

Menschen sind durch Erfahrungen geprägt. Und die hat er reichlich.

Wenn's der Sache hilft . . .

Schließlich war er „damals" Schulleiter auf der Wasserkuppe. Und wenn der Daumen nach unten zeigte, lagen alle flach.

Später war das nicht mehr so.

Und das hat der Adje wohl nicht recht verstanden.

Ob ich die Geschichte heute noch einmal schreiben würde? Sofort. Solange es nötig ist.

P.S. Damals gab es irgendeine Kasse im Hamburger Landesverband. Da sollte um die Erhaltung des Luftraumes gekämpft werden. Dahin hatte ich das Honorar gespendet. Gehört habe ich davon nie etwas.

Anhang

Valentin Taifun im Datenspiegel

Hersteller		Valentin GmbH, Königsbrunn
Muster		Taifun 17 E
Triebwerk		Limbach L 2000 E
Leistung	kW	58,8
	PS	80
Besatzung		1 + 1
Spannweite	m	17,00
Länge	m	7,8
Flügelfläche	m^2	17,6
Streckung		16,4
Profil		Wortmann FX-67-K-170/17
Leermasse	kg	555
Zuladung	kg	255
Max. Abfluggewicht	kg	820
Flächenbelastung	kg/m^2	46,59
Höchstzulässige Geschwindigkeit	km/h	250
Max. Reisegeschwindigkeit	km/h	205
Reichweite	km	1250
Beste Gleitzahl		30
bei	km/h	105
Geringstes Sinken	m/s	0,95
bei	km/h	85
Beste Steiggeschwindigkeit	m/s	3,2
Zulässige Lastvielfache		+5,3 −2,65
Startrollstrecke	m	200

RF5 im Datenspiegel

Hersteller		Sportavia-Pützer GmbH Dahlem-Schmidtheim
Muster		RF5
Triebwerk		Limbach SL1700 E
Leistung	kW	50,6
	PS	68
Besatzung		1 + 1
Spannweite	m	13,74
Länge	m	7,8
Höhe	m	1,96
Flügelfläche	m^2	15,16
Streckung		12,45
Profil		NACA 23015
Leermasse	kg	418
Zuladung	kg	242
Max. Abflugmasse	kg	660
Flächenbelastung	kg/m^2	43,5
Höchstzulässige Geschwindigkeit im Bahnneigungsflug	km/h	270
Max. Reisegeschwindigkt.	km/h	190
Reichweite	km	760
Beste Gleitzahl		22
Geringstes Sinken	m/s	1,3
Beste Steigrate	m/s	2,99
Startrollstrecke	m	216
Landerollstrecke	m	120

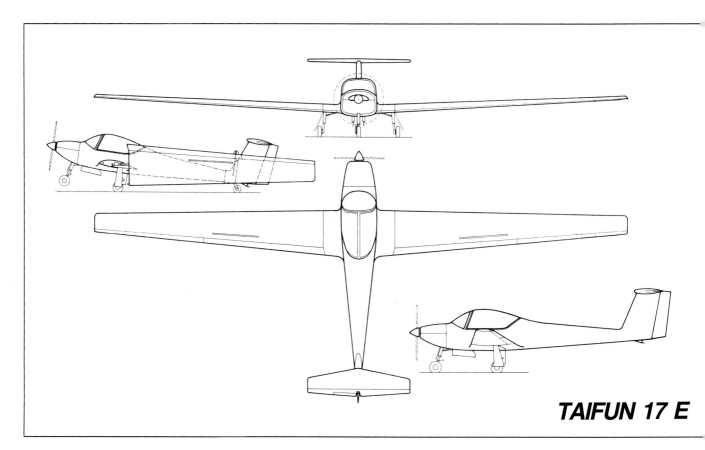

TAIFUN 17 E

DHC-6 Twin Otter 300 im Datenspiegel

Hersteller		De Havilland Aircraft of Canada, Ltd.
Muster		DHC-6 Twin Otter 300
Triebwerke		Pratt & Whitney Aircraft of Canada PT6A-27
Leistung	kW	2x486=972
	WPS	2x652=1304
Luftschrauben		Hartzell HC-B3TN-3DY, Dreiblatt, reversible, full feathering
Durchmesser	m	2,59
Besatzung + Reisende		2+20
Spannweite	m	19,81
Länge	m	15,77
Höhe	m	5,94
Flügelfläche	m²	39,02
Streckung		10
Flächenbelastung	kg/m²	145,3
Kabinenmaße (o. Cockpit u. Gepäckraum)		
Länge	m	5,64
Breite	m	1,61
Höhe	m	1,50
Gepäckraum (hinten)		
Länge	m	1,88
Volumen	m³	2,49
Gepäckraum (vorne)		
Volumen	m³	1,08
Einstiegstür (links)		
Höhe	m	1,27
Breite	m	0,76
Einstiegstür (rechts)		
Höhe	m	1,15
Breite	m	0,77
Rüstmasse	kg	3203
Besatzung	kg	2x80=160
Kraftstoff max.	l	1446
	kg	1057
Nutzlast bei max. Kraftstoff	kg	1250
Kraftstoff bei max. Nutzlast	kg	366
Max. Nutzlast (b. Reichw. 100 NM, 185 km)	kg	1941
Zuladung	kg	2467

Max. Startmasse	kg	5670
Max. Landemasse	kg	5579
Max. Reisegeschw. (10 000 ft, 3050 m)	kts	182
	km/h	338
Überziehgeschwindigkeit Klappen eingef.	kts	74
	km/h	137,5
Überziehgeschwindigkeit Klappen ausgef.	kts	58
	km/h	108
Max. Steigleistung	fpm	1600
	m/s	8,7
Steigleistung einmotorig	fpm	340
	m/s	1,85
Dienstgipfelhöhe	ft	26 700
	m	8140
Dienstgipfelhöhe einmotorig	ft	11 600
	m	3530
Reichw. (1134 kg Nutzl., long range cruising speed)	NM	700
	km	1297
Reichw. (862 kg Nutzl., long range cruising speed, Flächen- zusatztanks)	NM	920
	km	1704
Startrollstrecke (STOL)	ft	700
	m	213
Startrollstecke (CAR Pt 3)	ft	860
	m	262
Startstrecke über 15-m-Hindernis (STOL)	ft	1200
	m	366
Startstrecke über 15-m-Hindernis (CAR Pt 3)	ft	1500
	m	457
Landerollstrecke (STOL)	ft	515
	m	157
Landerollstrecke (CAR Pt 3)	ft	950
	m	290
Landestrecke über 15-m-Hindernis (STOL)	ft	1050
	m	320
Landestrecke über 15-m-Hindernis (CAR Pt 3)	ft	1940
	m	591

DHC-2 Beaver im Datenspiegel

Hersteller		De Havilland Aircraft of Canada, Ltd.
Muster		DHC-2 Beaver
Triebwerk		Pratt Whitney R-985 Wasp Junior, Neun-zylinder-Stern-motor
Leistung	kW	335
	PS	450
Luftschraube		Hamilton Standard 2D30-237, Zweiblatt-Verstell-propeller
Durchmesser	m	2,59
Besatzung + Reisende		1 + 7
Spannweite	m	14,64
Länge	m	9,24
Höhe	m	2,75
Flügelfläche	m²	23,2
Streckung		9,2
Flächenbelastung	kg/m²	99,6
Kabinenmaße		
Länge	m	2,74
Breite	m	1,22
Höhe	m	1,30
Volumen	m³	3,4
Cockpittür		
Höhe	m	1,02
Breite	m	0,43
Kabinentür		
Höhe	m	1,02
Breite	m	0,99
Gepäckraumvolumen	m³	0,40

Rüstmasse	kg	1361
Besatzung	kg	80
Kraftstoff	l	359
	kg	258
Nutzlast (bei max. Kraftstoff)	kg	614
Zuladung	kg	952
max.Abflugmasse	kg	2313
max. Landemasse	kg	2313
max. Geschwindigkeit (im Bahnneigungsflug)	kts	156
	km/h	290
max. Geschwindigkeit im Geradeausflug	kts	121
	km/h	225
max. Reise-geschwindigkeit	kts	117
	km/h	217
beste Reise-geschwindigkeit	kts	108
	km/h	202
Überzieh-geschwindigkeit	kts	52
	km/h	97
Steigleistung	fpm	1020
	m/s	5,6
Dienstgipfelhöhe	ft	18 000
	m	5490
Reichweite bei max. Kraftstoff, 45' Reserve	NM	676
	km	1252
Reichweite bei max. Nutzlast, 45' Reserve	NM	420
	km	777
Startrollstrecke	ft	560
	m	170
Startstrecke über 15-m-Hindernis	ft	1015
	m	310
Landestrecke über 15-m-Hindernis	ft	1000
	m	305
Landerollstrecke	ft	500
	m	152

Nur gut, daß es den aerokurier gibt, die aktuelle, zuverlässige und weltweite Fachinformation für Flieger und alle, die mit der Luftfahrt zu tun haben, ob beruflich, privat oder sportlich. Rekorde, Wettbewerbe, Meisterschaften, der aerokurier berichtet direkt.

Privat- und Geschäftsflug, der aerokurier bietet einfach mehr an Information.

Neue Flugzeuge, ob Geschäfts-Twin, Vereinssegler, Super Orchidee oder Jumbo-Jet, aerokurier-Leser sind auf dem laufenden. Viel beachtet: Erfahrungsberichte, Pilot-Reports, Neues aus Industrie und Technik sowie Aktuelles zur Flugsicherheit und Unfallverhütung.

Dazu jeden Monat über 30 Seiten Kleinanzeigen: Flugzeugmarkt, Flugschulen und Stellenangebote. Der Erfolg spricht für sich.

aerokurier, aktuell, zuverlässig, weltweit. Man muß ihn einfach lesen. Ihr Probeheft kommt sofort, Postkarte oder Anruf genügt.

aerokurier

Die große deutsche Luftfahrtzeitschrift

VERLAG DR. NEUFANG KG

Nordring 10 · D-4660 Gelsenkirchen-Buer · Tel. 02 09 / 3 74 31